フリーランスの心理士・浅見大紀です

地域で認知症の方と御家族を支える心理の仕事をしています

浅見大紀 著
齋藤正彦〈序文〉

福村出版

序文

東京都立松沢病院院長　齋藤正彦

著者、浅見大紀君の人生航路が、いつ、どうやって僕自身の人生航路と交わるようになったのかはっきり覚えていません。第1章、「職場放浪記」に出てくる、《認知症専門病院》の院長は僕だったので、彼がそこにいた数年は並行した航路を進んでいたはずです。しかし、彼の航路はしばしば予想を超えた蛇行をするので、この期間を除けば、ある日突然、霧の中から姿を現し、僕の進行方向を遮って、笑いながら手を振っていたかと思うと、海原遥か、こちらに背を向けて白いヨットが去っていく、という感じの交わり方が続いています。親しいのか、と聞かれればとても親しい、僕は浅見君と会うのがとても楽しみです。かといって、では彼の何を知っているのか、と問われたら、ガンジス川で感染症にかかったこと、山の中を駆け巡るスポーツに熱中していること、常勤の職場を紹介しようとしても嫌がること、そして、臨床心理士であることぐらいです。

この本は意外でした。そもそも、浅見君がこんな長い原稿を書く間、同じ場所に座っていたということが驚きです。落ち着きがないから動いてたわけじゃないんだね、という意外です。もう一つの意外は本の内容です。彼は、面白い人ですから、彼の書くものが面白くないわけはないと思います。しかし、この本は、ただ、経時的に自分の生活を紹介しているようでいて、読んでいるうちに、彼の思いが系統立てて伝わり、読みながら、そうだそうだと頷き、読み終わって、へ〜え、山ん中走りながらこんなこと考えてたんだ！　お見逸れしました浅見君、という意外です。

浅見君は、《フリーランス》の心理師だと自分で言います。これまで、僕は、フリーランスとは、定住できない、フウテンの寅さんみたいな意味だろうと思ってきました。いつだったか、「いい年して、そろそろ落ち着かないと、何時までも仕事できるわけじゃないだろ」と説教をしたら、「働けなくなったら生活保護です」とさらりとかわされ、拍子抜けしたことを記憶しています。この本を読んでみると、《フリーランス》は、心理師の形容詞としてではなく、彼の人生そのものに冠された言葉だったんだなと納得しました。彼は、一つの職場、一つの地域に閉じ込めてはいけない人だったんだなと思います。この本は、積み重ねられた経験と、そこから汲み取られた思想に満ちています。

さて、最後に、分別臭いことを一言、それが、僕のスタイルなので。浅見君は、港に繋いでおこうとしても、夜のうちに纜《ともづな》をほどいて出て行ってしまう《フリーランス》ですが、世の中には、本当は常勤のポストにつきたいのに、フリーランスを強いられてきた心理職の人もたくさんいます。昨年、公認心理師が国家資格となり、ようやく医療機関や福祉機関、行政組織の中に心理職のポストが確立するチャンスがやってきました。しかし、どのみち、心理職は組織、あるいはチームの中のメジャー・プレーヤーになるような職業ではありません。組織の中にいる限り、心理師の立ち位置は、チームの一員として、ということになるでしょう。この本の中に記された浅見君の経験とそこから導かれた知恵は、チーム・プレーヤーとして働く若い心理職にとって非常に重要な示唆に富んでいると思います。チームで働くときに必要なものは、それぞれの高い専門性ではなく、浅見君が実践しているように、相手の専門性に対して敬意を払い、どうしたらチームのために働けるかを常に考える姿勢です。

定住人生を終えようとする年になって、浅見君の鮮やかなフリーランスぶりを見せつけられるのは眩しすぎますが、引退したら、フェイク・フリーランスもいいかなと思いました。

はじめに――自己紹介に代えて

みなさん、はじめまして。

臨床心理士の浅見大紀《あざみひろき》と申します。

この本に興味関心を持って手にとってくださり、ありがとうございます。

内容に入っていただく前に、まず私が何者なのか、そしてこの本を書かせていただくことになった経緯についてお話しさせてください。

現在、私はフリーランスの臨床心理士です。特定の組織には所属しておらず、いくつかの組織や個人と契約して、主に高齢者の方や認知症関連の仕事をしています。

私は初めからこの領域で仕事をするつもりは全くありませんでした。中学校の頃には一等航海士として世界を股にかける男になる予定でしたが、高校三年時に冷える場所では四肢が腐ってしまう病気が明らかになりその夢をあきらめざるを得ませんでした。進学した大学では農学部で農業土木を学びました。大学三年時は一年間休学して、ユーラシア大陸を西から東に自転車を漕いだりしていました。

帰国して一年後、ガンジス川で泳いだのが仇《あだ》となり赤痢アメーバ性肝膿瘍で二ヶ月半入院し、気がつけば就職活動……。周りのみんなが公務員になるというので、私もなんとなく公務員試験を受けることにしました。

初めの就職先は経済産業省でした。毎日のようにタクシー帰り。国会ともなると週に二日は完全徹夜。給湯室で仮眠をしているとアルバイトの女子大生が「キャー！」と悲鳴で起こしてくれるという日々。早々に逃げ出したわけです。思えば何千人も職員を抱えている組織に所属していた私が今は一人。なかなか面白いものです。

辞めたのは良いものの、さてこのあとどう生きていこう。辞めたての頃は早く別の仕事をしないと、と焦って就職活動をしました。

しかし、自分が本当は何をしたいのか、いろいろ考えてみてもよくわかりません。今となっては後付けの理由なのかもしれませんが、私は小学六年生の時に初めて、「人は死んだらどうなるんだろう」と考えました。それから私はいまだに死ぬことを恐れています。大学院二年生までそのことが頭に浮かんでくると恐怖で発作を起こすくらいでした。今でも、死への恐怖の本質はまだ自分のなかでもよくわかっていません。

そして、ずっとなんとなく生きてきた私ですが、人が死ぬということはなんとなくではなく確実に誰にでも訪れる事実だということに気づいたわけです（若かったですね）。その死が身近にある仕事ができれば、少なくともいい加減にはできない、自分にも嘘をつけない、納得のいく仕事ができるのではないかと思ったわけです（本当に若かったですね）。

その方向でどんな仕事が好ましいのかを考えました。医師になるには頭もお金もない。宗教家や葬儀屋など調べていると、ある心理学の雑誌にたどり着いたのです。

そこには高齢者領域の心理臨床の話が書いてありました。のちに私の恩師になる東京学芸大学の松田修先生（現在、上智大学教授）が回想法について書かれたものでした。

若くても高齢でも人はいつ死ぬかわかりません。それでも人生を長く重ね、少し向こうの世界にも目を向けているかもしれない高齢者の方々のサポートをしながら、自分自身の死生観や人生観を養っていくことができる、こんな素晴らしい仕事があるとは！

強い感銘を受けた私は「この先生なら間違いない」と人生の方向性について確信を持ちました。かくして私は東京学芸大学の大学院に入り、高齢者の心理臨床について学ぶことになりました。

卒業後はリハビリテーションのクリニックの相談員、認知症専門病院での心理検査や集団活動、東日本大地震の被災地支援、大学病院での軽度認知障害を抱える人のデイケアやがん患者さんのカウンセリングなどを行ないました。

東日本大震災の被災地支援活動が縁で宮城県に移住し、大学病院の救命救急センターでの活動を経て、三年前に独立し、フリーランスの臨床心理士となったのです。

独立後は地域の中核病院の「もの忘れ外来」で心理検査や専門相談と、今回のお話の舞台になるS市の地域包括支援センターにも拾ってもらいました。

そのなかでほんとうにたくさんの経験をさせていただきました。

本書ではそこでの学びや経験を振り返りながら、自分なりの考察をしたいと思います。

今回このような貴重な機会を与えてくださった福村出版の宮下基幸さま、松山由理子さま、そして松山さまと私を引き合わせてくださった上智大学名誉教授の黒川由紀子先生に感謝申し上げます。

また、東京都立松沢病院の齋藤正彦院長、東京都健康長寿医療センター臨床心理士の扇澤史子さん、今村陽子さんには本書作成にあたり多大なお力添えをいただきました。

そして、私を快く受け入れてくださったS市地域包括支援センターの真籠しのぶ所長（当時）をはじめ、スタッフのみなさんに心から感謝を申し上げます。

本文イラスト　多屋光孫

第1部
私の履歴書

第1部では私が独立して地域に出るまでに、どのような仕事をしてきたのかを御紹介します。主に苦しかったことが書かれていますが、その多くが現在に活かされていることが第2部までお読みいただければおわかりいただけると思います。

第1章 職場放浪記

1 老年期臨床心理学との出会い

◉最初の就職先

大学で農業土木を学んだ私の最初の就職先は経済産業省でした。

その頃は、巨大な組織に埋没し、毎日のように夜中までデスクに向かって働いていたのです。国会の対応があった時には週に二日は完全に徹夜で、役所に泊まり込むこともありました。

まだ若く、想像力の乏しかった私には、毎日の仕事が一体何のために行なわれていて、誰のためになっているのかが、さっぱりわかりませんでした。

やり甲斐など感じる暇もなく、あっという間にそこを逃げ出した私は、自分のやりたいことがわからず途方に暮れました。

退職後しばらくは、ただ闇雲に就職活動をしました。けれど、そこでの仕事を本当にやりたいと思って面接などを受けていたわけではないので、受け入れてもらえるはずもありません。時には自分から面接を受けておきながら、「ここに受かってしまったらどうしよう」と不安になり、帰宅後に自ら辞退の電話をしたことすらありました。

また、書店等に行き、世の中にはどんな仕事があり、自分がやりたいと思うことはないのか、向いていることはないのか、調べたりもしました。

◉死への恐怖と本との出会い

そうこうしているうちに、一冊の臨床心理学関連の本に出会いました。

当時東京学芸大学准教授であられた松田修先生（現、上智大学教授）による記述、「回想法」との出会いです。

小学六年生で初めて、「人は死んだらどうなるんだろう」と考えて以来、私のなかで生きるとは何なのか、死ぬとはなんなのかという考えは、常に人生の底を流れています。私は死ぬことが怖いのです。たまらなく恐ろしく、時々死んだ後のイメージが湧き上がると、恐ろしくて呼吸が苦しくなり、立っていられなくなることもありました。そのイメージとは、目の前から地球が遠ざかっていき、自分だけがその場において行かれるというものです。そして、「これからもずっと地球は続いていくのに、ここで私が死んでしまったら、どうなってしまうのだろう」という考えが浮かんできて、そこから離れられなくなるのです。

大学院二年時に発作のようなものを起こして以来、今日まで大きな混乱はありません。それでも私のなかの死への恐怖は、あまり変わっていないように思います。

◉回想法との出会い

そんな経緯があって私は、回想法というものに可能性を見出すことにしました。仕事としてというよりも、死への恐怖を和らげられ

るかもしれない、ということからです。

回想法は主に高齢者を対象に行なう心理療法です。対象や方法などによってアクティビティ（作業）として用いることもできます。高齢者が自身について語り、またそれを他者と共有しながら心の安定を図ることが主な目的です。

私よりも圧倒的に長い時間を生きてこられ、順番どおりならば私よりも先にこの世を去っていくであろう方々のお話のなかには、私の死への恐怖をなんとかしてくれるヒントがあるかもしれないと考えたのです。

つまり、私がこの老年期の心理臨床を自分の仕事に選んだ背景には、自分自身の死への恐怖を克服したいという強い欲求があったのです。

◉心理学への道

その本に出会ってから自分の道を決めるまで時間はかかりませんでした。

心理学の素養がまるでなかったので、半年間予備校に通い、もう半年は自分だけの勉強期間を経て、T大学大学院で松田修先生に師事することになったのです。

大学院では、地域の高齢者会館の管理者のアルバイトを週に一度させていただきながら、修士論文の研究に取り組みました。

その高齢者会館では、地域のさまざまなサークル活動が行なわれていました。圧巻だったのは、毎日のように、地域の平均年齢八十五歳を超えているであろう方々がお昼過ぎに集まり、なかでも最高齢の女性がその場を仕切って、みなさんで歌を歌ったり、ビデオを見ながら体操をしたりする時間です。私はといえば、みなさんの座る椅子の設営をしたり、お茶を出したり、ビデオの用意をさせていただいたりしていました。

ちなみに修士論文のテーマは、現在の活動に通じる「認知機能訓練の効果についての検証」でした。地域在住の中高年の方に御協力いただき、「記憶をベースにした認知機能訓練と軽運動を組み合わせたプログラム」を週一回、計八回実施しました。その前後で認知機能に維持・向上がみられるかどうかと、もの忘れを不安に思う気持ちに変化があるかどうか、のアセスメントを行なったのです。

結果を簡潔に言えば、認知機能は向上しましたが、不安は軽減しませんでした。

この結果は、現在の私の活動スタンスに強く反映されています。つまり、認知機能の維持・向上も大切かもしれないが、それ以上にみなさんに元気になってもらいたい、ということです。

この大学院の時の活動からすでに、私の視線は地域の高齢者の方々に向いていました。訪問でカウンセリングなどができると良いのにと考えていました。でも、そのような職場は当時見当たらなかったので、まずは地域に根差しているクリニックに就職しました。

2 リハビリテーション・クリニック

最初の勤務先は、東京都世田谷区にあるリハビリテーションのクリニックでした。まだ臨床心理士ではなかった私は、そこに〈相談員〉として雇用していただけることになったのです。

そのクリニックは、いわゆる維持期のリハビリテーションを専門としており、基本的には、近隣にお住まいの患者さんが御自宅で生活しながらリハビリテーションに通われていました。さらに少し体調を崩された際は、一時的に入院して、集中的なリハビリテーションが行なわれました。退院後すぐに通院が難しい方も多いので、そのような方やほかにも通院が難しくなっている患者さんには、訪問リハビリテーションのチームが御自宅へうかがっていました。

そのクリニックは、居宅介護支援事務所も併設されており、ケアマネジャーさんも忙しくされていました。

普段から患者さんの状態を見てくれている医師やリハビリテーションのセラピストさんがいて、何かあれば入院ができ、通うのが難しければ家まで来てくれる、というこの地域の方にとってはかなり安心材料になるシステムを備えたクリニックだと思っていました。

◉私の仕事

ところが私はと言えば、はじめは電話すらまともに受けられず、スタッフの方と電話を取ってお話しする練習をさせていただいたほどでした。

リハビリテーションを受けたいという方やその御家族から電話があります。状況をうかがって、医療保険でのリハビリテーションの適応があるのかどうかを確認し、医師の予約の状況を見て予約を入れます。まだ診察を受けてもいず、身体が良くなるのかもわからないのに、電話の向こうから「ありがとうございます」という言葉がいただけるのです。このダイレクトさは、役所時代にはありえなかったことでした。

また、電話の合間を縫ってロビーの待合室に出ていきました。患者さんのリハビリテーションの様子を眺めたり、順番を待っている患者さんや御家族とお話をさせていただいたりしました。そんななか、はじめてカウンセリングのようなことをさせていただく機会に恵まれました。脳梗塞後で認知機能の低下や構音障害もあったその方とは、私がなかなか御本人の言わんとすることをしっかり受け取れないことが多く、黙って聴いているしかない場面ばかりでした。それでも、一時間ほど話してもらってから理学療法のリハビリテーションをされたあとは少し調子が良いようだ、とセラピストさんから言っていただけた時は嬉しく思いました。

◉訪問することとの出会い

一度、訪問リハビリテーション・チームの作業療法士さんに、現場に同行させていただく機会がありました。患者さんの家に上がらせていただくという経験がはじめてで、恐ろしく緊張したことを覚えています。とにかく邪魔にならないようにしないと、とそればかり考えていました。そして、そこで拝見した患者さんと作業療法士さんとの関係性に感銘を受けました。お互いが言いたいことを言えており、かつどちらが立場的に上ともいえない対等な関係なのです。こういうことが信頼関係と言われるものなのだろうと思いました。その後の訪問リハビリテーション・チームの打合わせでは、非常に高いプロ意識と専門性が交わされており、「訪問するということは、このように高い水準で仕事ができるようになってからでないと無理だ」という認識を持たせてもらいました。

ところがその後すぐに、私が患者さん宅を訪問するという機会が立ち上ってしまいました。

ケアマネジャーさんが担当している居宅の男性で、病院受診してくれず、外出もせず、奥さんが困っているという方です。私に訪問して話を聴いてほしいということでした。

お断りするわけにもいかず、住所を聞いて、約束の時間に自転車で訪問しました。奥さんが玄関で対応してくださって、御本人のお部屋に伺いました。その方はベッドに横になって、挨拶する私に一瞥をくれただけで、その後は何を言っても一切応じる様子はありません。私はとにかく居づらさしか感じません。その時は、この方のために、という気持ちを持てていた記憶がないのです。結局、一言もその人の声を聞くこともなく、逃げるように帰ってきました。

その後も何度かその方を訪問しましたが、毎回ほとんど相手にされず、終了となりました。わかってはいましたが、これ以上ない無力感に打ちのめされました。御本人にも奥さんにも、御紹介いただいたケアマネジャーさんにも申し訳なく思いました。クリニックのスタッフにもどう思われるのだろうと不安になりました。

かなり苦い経験でした。今の自分だったら、どのようにあの方に関わるのだろう、当時感じたあの居づらさを、今ならどのように捉えるのだろう、などと考えます。

◉僕たちは治さない

私のその後の考え方に大いに影響を与えてくださったセラピストがいます。彼は理学療法士だったのですが、リハビリテーションの肝の部分について端的に教えてくださいました。

「あざみくん、リハビリテーションっていうのは、僕たちが治すんじゃないんだよ。患者さんたちは、個人差はあっても、自分たちの力でどんどん治っていくんだから、それをいかに邪魔しないか、邪魔になるものを取り除くか、が僕たちの仕事なんだよ」

本当に無知だったのですが、当時私はセラピストさんによる治療によって患者さんが治っているのだと思っていました。リハビリテーションの現場を、彼に言われた視点で改めて眺めてみると、まさにその通りなのです。当たり前のことで恐縮ですが、身体を動かしたり、言葉の練習をしたりしているのは、患者御本人です。ほぼすべては患者のペースで行なわれたのです。

セラピストは丁寧に患者さんのアセスメントを行ない、患者さんに無理のないリハビリテーションの計画を立て、メニューを考えて提示しているのです。そこに治そうとしている人がいるのではなく、治ろうとしている御本人がいて、それを邪魔しないように、心身ともに支えているセラピストさんがいるのです。

このスタンスはまさに心理療法にそのまま通ずるものです。それまでの私の頭のなかでは、身体のリハビリテーションと心理療法は別次元のものと感じていました。でも理学療法士さんからこの考え方を教えていただいてからは、あまり違和感なく同じスタンスで両者を眺められるようになりました。心理療法の世界には「来談者中心」や「パーソン・センタード」などの言葉がありますが、その本質は、その人、御本人が備えている本来の生きる力、治る力、バランスを取り戻す力を信じ、それをいかに発揮してもらう手伝いができるかということなのだろうと、この頃ようやく気づき始めたのです。

◉大切なのは、どのようにするか

そしてもう一人、私のその後の臨床のスタンスに影響を与えてくださった方がいました。その方は非常勤でクリニックにいらしていた内科の専門医でした。彼は、患者さんを診察室に迎える時は、必ず立ち上がって出迎え、来院のお礼や遠路の方にはその御苦労を労《ねぎら》いました。患者さんと御家族が座られてから御自身も着席され、診察が始まるのです。人としてのその姿勢に心を打たれておりましたが、その医師がよく私に教えてくださったのは、

「あざみくん、大切なのはＷｈａｔじゃなくてＨｏｗなんだよ」

ということでした。

「医療っていうのは、勉強して資格を取れば誰でもできるでしょう。でも大切なのは、その医療をどのように行なうかなんだよ」

確かにその通りです。定期の通院で、前回受診から今日までの様子を聞いて、変化がなければ次回受診日までのお薬を処方する、ということは、こうして文字で書けば簡単です。しかし、多くの患者さんや御家族の方は医師の顔を見て、話を聴いてもらい、前回から変化なく過ごせたことを称賛してもらえることを心待ちにしています。この何事もなく流れて行きそうな時間に、いかに心を砕き、どのように診察を行なうかは非常に重要なことです。

この〈何をするかではなく、どのようにするか〉という観点は、現在の私の活動の根底にしっかり根付いています。Ｈｏｗを考えずに活動が形式と化してしまったとしたら、そこで私の臨床家としての生命は終了

するといっても過言ではない、と考えています。

3 認知症専門病院

◉認知症専門病院へ

その後私は、大学院時代にお世話になった心理の先輩に声をかけていただき、Y県にある認知症専門病院に籍を移すことになりました。そこに勤めながら臨床心理士の資格を取りました。

病棟が五つ、ベッド数が約二百八十のその病院では、入院患者さんはいわゆる若年性認知症の方から百歳を超える方まで、年齢層は幅広く、認知症の原因疾患もさまざまであり、それぞれの症状の在り方や重症度も多様でした。基本的にはさまざまな理由で自宅での介護が困難になった方が入院されており、そこで生涯を終える方も少なくありませんでした。

臨床心理士が充分な人数いたわけではなかったため、私は病棟を二つ担当することになりました。

いよいよ大学院で学んだことが活かせると思い、意気揚々として臨みましたが、この職場で私はずいぶん苦しむことになりました。

◉病棟の雰囲気と患者さんの様子

この病院は入職当時、病棟によって患者さんの特性などを分けていなかったので、どの病棟もおおむね同じような雰囲気でした。

ナース・ステーションは腰までの高さの机のような壁で仕切られており、ガラスやドアなどもなく、とてもオープンでした。

身体拘束をしないという病院の方針から、患者さんは自由に過ごしていらっしゃいました。日中は、寝たきりの患者さん以外は、ナース・ステーション前の大きなホールに出ていることが多く、椅子や車椅子に座って他の患者さんとお話ししている方もいれば、本を読んでいる方、独り言を言い続けていたり、突然大声で歌を歌いながら手拍子を始めたりする方、部屋とホールを行ったり来たりしている方、一日中廊下を端から端まで歩き続けている方、ナース・ステーションに行っては自分がいつ帰れるのかを聞いている方、身じろぎもせずにどこかを見つめている方など、さまざまでした。

患者さんの多彩さには驚かなかったのですが、いちばんびっくりしたのは、どの病棟でも不快な臭《にお》いが一切ないということでした。ホールも病室も清潔に保たれており、汚れや臭いが気になることはありませんでした。

◉はじめは介護から――「その命は私次第」の緊張感

入職して、はじめの一週間は、病棟で介護の仕事の手伝いをさせていただきました。

はじめて私が食事介助をさせていただいたのは、九十歳に近い女性の方でした。寝椅子のような車椅子に乗っていらして、認知症の症状が重度に進行していたことで、御本人の声を聞くことはほぼ難しく、こちらの声も届いているのかどうか判断するのが難しい方でした。声をかけながら、お粥《かゆ》やペースト状の食事をスプーンで口元に持っていくと、口を開けてくださったので、そっとなかに差し入れました。咀嚼《そしゃく》を始めてくれるので、ひとまず安心します。しかし私のやりようで、この方の命は、今すぐここでどのようにでもなる感じがしました。咳などされた時には、心底驚いてしまい、すぐに近くのスタッフさんに声をかけたものです。最初の頃は、食事介助がとても怖かったのを覚えています。

また、この方は咀嚼に時間がかかり、ゆっくりだったので、待っている身としてはずいぶん長く感じました。そうしているうちに、他のスタッフさんは、次々に別の患者さんの介助に移っていきます。私はそれを見てずいぶん焦ったものです。だからといって私が食事のペースを上げることもできないので、この方の食事がゆっくりなんだ、という感覚よりも、私の介助が下手なんだ、私の介助が遅いんだ、という心理的な圧力を勝手に感じてしまっていました。

入浴介助の際は、当時スタッフに役割分担があったので、ホールで患者さんに声をかけて、脱衣所に来ていただきました。服を脱いでもらって、浴室に誘導する係、浴室内で自分では洗うことができない患者さんの身体や髪を洗い、自分で洗える患者さんや湯船につかっている患者さんを見守る係、上がってきた患者さんを拭いて、服を着せる係、脱衣所から出たところで水分補給をしてもらい、ドライヤーで髪を乾かす係など、いずれも経験させていただきました。

お風呂を嫌がる患者さんもいらっしゃったのですが、この病院では無理強いはしなかったので、一度嫌がられても、何度かタイミングを替えて声をかけるなど工夫しており、どうしても応じてもらえない時には、翌日に繰り越したりしていました。

限られた時間のなかで、予定した患者さんに入浴していただくので、スタッフのみなさんはだいぶ忙しくなります。私はと言えば、他人の身体や髪を洗うことなどもちろんしたことがなかったので、忙しいところ申し訳ないと思いながらも、スタッフに教えてもらいながら、おっかなびっくりお手伝いをしました。座っていられなかったり、寝たきりだったりする患者さんは、自室のベッドからストレッチャーに乗って浴室まで移動してもらいます。そこで防水性のシートが張られたベッド状の台に、スタッフさんが「せーのっ!」と声をかけて移動して、身体を洗わせてもらいます。寒くならないように頻繁に身体にお湯をかけながら、湿疹や皮膚の剥離がないかを確認し、かつ私が洗うことで患者さんを傷つけることがないように、細心の注意を払いながら洗わせてもらいました。髪の毛を洗い、泡を流す、その間この患者さんは声も出さず、身じろぎもしません。食事介助同様、相当な怖さを感じました。スタッフの方々は慣れたもので、手際よく、丁寧にされており、「○○さん、どう？　気持ち良い？」など、無言の患者さんにも声をかけていました。とても私には無理だと、自分の無力さを残念に思ったのを覚えています。

排泄介助は、心理的にももっと大変でした。おむつ交換では、まず、他人のズボンを下げておむつを外す、という行為自体に抵抗感がありました。そしておむつを外すと、そこには便や尿があるのです。はじめはやはり、その臭いに慣れるまで苦労しました。汚れが付いた身体の部分に、洗浄用のボトルに入ったぬるま湯をシャワーのようにかけながら洗い、「○○さん、ごめんね～。ちょっと拭くからね～」など声をかけながら、拭き取ります。ここでも皮膚の状態を確認して注意深く観察するのです。まだ御自分で動けて、かつ介助されるのを嫌がる患者さんや体格の良い患者さんの介助は、体力的にもまた大変でした。

はじめの一週間の介護体験で、身体介護というものが介護する側にとって心身ともにどれだけ大変なものかが身に染みました。もちろん介護される側の患者さんにもいろいろ御苦労があるのだと思いましたが、それでもこれを毎日の仕事にしている人たちは、本当に心身共にタフでなければやっていけないな、と思いました。体力的にも大変ですが、当時の私には、「自分のやり方次第で、この方の命はどうにでもなってしまう」と命の危うさを身近に感じすぎていたため、これを生業にしていくことは、とてもではないが難しいと感じました。

今になって思いますが、自宅で介護をされている御家族も、このような心身の負担を毎日、何年も続けてらっしゃるわけです。「できるだけ在宅で」「いつまでも住み慣れた自分の家で」などと言うのは簡単ですが、実際は考えなければならないことが多いはずです。

◉臨床心理士としての仕事

その後、しばらくしてから臨床心理士としての仕事が始まりました。仕事は基本的には、外来で心理検査を実施することと、病棟で観察評価をしながら患者さんとお話をしたり、ホールの見守り、付き添いが必要な患者さんに付き合って半日歩いているなどです。各病棟に担当として配属されている作業療法士さん主導の集団活動のお手伝いもさせていただきました。

また、時々いらっしゃる音楽療法の先生のお手伝いをしたり、近隣の保育園の園児さんに来院してもらい、お遊戯を見せてもらったり、一緒に童謡などを歌ったりする園児交流会の担当をしたりしました。

そして、この病院ではじめて、この老年期臨床心理学に足を踏み入れるきっかけとなった回想法を、先輩心理士さんと入れ替わりに、自らが主導して行なう機会にも恵まれました。

回想法は、ホールを清掃する時間帯に重なっていたので、廊下の一番奥のスペースで行ないました。心身機能がさまざまな状態の患者さんが、テーブルに収まらないくらい大勢集まりました。ずっと廊下を歩いている患者さんが途中で顔を出して、わーっと何かを言ってまた去って行ったりと、難しい環境での実施だったのですが、先輩の臨床心理士さんや作業療法士さんのおかげで、貴重な経験を積むことができました。

◉病棟で干される恐ろしさ

私は実務以外に時々アルバイトでその病院の事務当直をしていました。事務当直と言うのは、簡単に言うと、夜の電話番です。また、病院の性質上、夜に亡くなる方もいらっしゃったので、その際には、お見送りの準備や葬儀社に電話をしたりしました。

そしてもう一つ大切な業務は、夜に全病棟の巡回をすることでした。決められた時間に、全病棟と病院周囲を回って、何か異常がないかを確認するのです。

そこで巡回しながら、夜勤の看護師さん、介護士さんとお話しする機会がありました。日中はみなさん忙しくてゆっくりお話をする時間が取れません。夜の病棟が落ち着いている時は、比較的スタッフの方々とお話ができます。

そこでの出来事です。以前から担当しているある病棟の患者さんたちに関して、食事介助を必要とする人がとても多かったので、これはスタッフのみなさんにとっては負担が大きく大変な状況だろうと思って、時々朝の時間に食事介助のお手伝いをしたりもしていました。

そのような思いを、夜の巡回時に、担当する病棟のスタッフさんに話したところ、翌日以降、病棟スタッフの私への態度が一変したのです。最初は気づきませんでした。何だか少しよそよそしいけれど、それは忙しいからかな、くらいに感じていたのです。しかし、あまりにもそのような期間が続き、ある朝、当直明けで食事介助の手伝いをしていると、スタッフの一人から、「どう？　私たちの大変さが少しはわかる？」と強い口調で言われたのです。それは介護の実習で身に染みていましたが、なぜそれを今、私が責められるように言われるのだろうと不思議に思いました。

手伝いが終わり、当直明けで病院から帰ろうとした時に、所属していたリハビリテーション科の科長に呼びとめられました。

「あざみくん、大丈夫？　なんだか、あざみくんが病棟の食事介助のやり方に文句を言っていたっていう話になっているよ」

それですぐに、スタッフのみなさんの態度が急変した理由がわかりました。そしてそれは、あの夜の巡回の時の話だろうということにも、すぐに思い至りました。みなさんの労をねぎらいたい言葉が、どうして批判と受け取られてしまったのか、さっぱりわかりませんでした。とにかく誤解を解かなければなりません。そうでなければ、もう私はこの病院にはいられなくなります。とてつもない恐怖に襲われました。

翌日の朝一番、その病棟のスタッフの休憩室へ行き、勤務前に集まっているスタッフの方々に、とにかく今みなさんのなかで話されていることは誤解であり、私はみなさんと一緒にやっていきたいんだということを訴えるように説明しました。それをお昼の休憩時にも同様に行ない、なんとかみなさんに聞き入れていただきました。

あとにも先にも、職場であんなに恐ろしい出来事に遭遇したのはあれきりです。しばらくは本当に怖くて、病棟で口をきけませんでした。何を言ってもどう解釈されるかわからないのですから、すべての発言がリスクの引き金になると考えてしまったのです。

しかし、振り返ってみれば、これは認知症を抱える方を介護する御家族への対応にも通じることです。自分たちなりに一生懸命にやっている介護に対して、それをよく知りもしない人があれこれ言ってくることは、本当に不愉快なことでしょう。たとえそれが良い評価だとしても、簡単にそんなことを言ってほしくない人もいるでしょう。

本当に身を削られる思いでしたが、そのおかげで、介護をする人に対する一言の責任の重さや介護者を傷つけてしまうリスク、本来の意図とは違うように解釈してしまうこともある介護者の心の在り方について学ぶことができました。いま振り返ればこのように思えるのですが、もう二度とあのような思いはしたくないものです。

●理解してもらいたい症候群

私はこの病院に来てから、臨床心理士の資格を取得しました。そして既述したように、大学院で学んだことを活かせればと意気揚々としていたわけです。

そこで嵌《は》まり込んでしまったのが、〈理解してもらいたい症候群〉です。これはもちろん私の造語です。スタッフさんに、「臨床心理士と言うのはこういうことができるんだ」「臨床心理士にはこういうことをお願いできるんだ」「臨床心理士とこういうことに取り組みたい」などのように、スタッフさんに理解してもらいたい、頼りにしてもらいたい、一緒に患者さんに向き合っていると感じたいと考えたわけです。

朝のカンファレンスで、スタッフの時間が限られているのに、あれこれ気になる患者さんのことにコメントしてみたり、患者さんの神経心理学的なアセスメントを看護師長さんと相談して実施してみたり、患者さんの行動面や心理面の症状、たとえば服を脱ぎ出して全部脱いでしまう方や五分も経たないうちにトイレに行きたがってスタッフを呼ぶ方や、夕方になると荷物をまとめてエレベーター前に立ち、ドアが開くのをずっと待っている方の対応を考えるために、スタッフのみなさんに、観察してもらったことを専用のシートに記録してもらったり、集団活動を実施する際には病棟スタッフの方で入れる方は入ってもらえるようにお願いするなど、振り返ってみると本当に手前勝手で、病棟スタッフさんにとってはいい迷惑だったろうと思います。このように自分の言い分ばかり聞いてもらおうとする人に対して、理解しようとしてくれる人などいません。

愚かしくも私は、「何で、こんなに頑張っているのに、わかってもらえないんだろう」「必要としてもらえないんだろう」と悩みました。いろいろ新しいことを実践しようとしている、何かいいことをしようとしているということで、立場が上の方から評価をいただくこともあったのですが、私にとってそれはあまり重要ではなかったのです。現場で頑張っているスタッフのみなさんから評価されたかった、頼られたかった、一緒に患者さんを見ることができている、現場のスタッフから必要とされているという感覚がほしかったのです。しかし、いつまで経っても、その心の隙間が埋まることはありませんでした。

やはり私には、自分を、臨床心理士を、理解してもらいたい、という気持ちばかり強すぎて、それ以前に看護師さん、介護士さんという他職種をきちんと理解しようという認識が足りなかったのだと思います。もちろん私なりに看護師さんや介護士さんのことを考えているつもりではありました。できるだけ患者さんのことをスタッフの方に聞いたり、こちらが気になることがあればきちんと伝えたり、時には患者さんの入浴や水分補給、おやつの準備、食事などの介助を手伝ったりしていました。しかし、それでは何かが足りなかったのでしょうし、やり方も上手くなかったのでしょう。

外来の心理検査があり、病棟を二つ掛け持って担当していたため、一つの病棟にかけられる時間があまりにも少なかった、スタッフのみなさんと過ごす時間が少なすぎ、私が〈たまに来る人〉であったことも要因の一つだったのかもしれませんが、やはりそれだけではなかったでしょう。

とうとうその〈理解してもらいたい症候群〉から抜け出すことができないまま、あの日を迎えることとなったのです。

4　災害支援

◉東日本大震災発生

その日は朝から通常勤務をしており、午後もおやつの前の病棟での活動を済ませて、作業療法士さんと片付けや活動の振り返りなどをしていたと思います。

突然病院が大きく揺れました。立っているのもやっとなくらいだったので、棚が倒れてこないように押さえながら、揺れが収まるのを待ちました。揺れが落ち着いた後も心臓がどきどきするのがしばらく収まりませんでしたが、早い段階で担当する病棟に上がりました。あれだけの揺れだったので、患者さんが何名か転倒しているかもしれないと思いましたが、幸いにも転んだり、怪我をされたりした患者さんはいませんでした。どちらかというと、スタッフの方が腰が抜けて座り込んでいたり、混乱したりしている様子でした。患者さんは何やらきょとんとした様子で、感じた揺れを言語表出できる方は、「地震だね〜。すごかったね〜」などおっしゃっていましたが、あまり動揺した様子は見せていらっしゃいませんでした。とにかく患者さんが無事であったことを確認して、座り込んでいるスタッフにも声をかけながら病棟を歩いて回りました。

帰りは交通機関がマヒしていましたが、私は病院から自宅までランニングで帰ることが多かったので、その日も自宅まで十キロほどを走りました。国道の歩道は、帰宅困難になった人々であふれており、その光景からも異常な事態であることを実感しました。

その日の夜、そして翌日から、被災した土地の映像がテレビにあふれました。津波や火災、その後の原発事故などつらい映像の連続で、私は頭がおかしくなりそうでした。

◉心も揺れた地震

それ以前にあった阪神淡路大震災、スマトラ沖地震、新潟にいた時に直接遭遇した新潟中越地震の時にも、私の心はほとんど揺れませんでした。しかし、今回の東日本大震災では、とにかく大きく心が揺れました。しばらくは余震に不安な日々を過ごしました。緊急地震速報が鳴れば、動悸が起こって苦しくなり、テレビの報道を見ては、いたたまれない気持ちで気分が悪くなりました。映像で津波を見るたびに、まるで自分に襲いかかってくるのではないかという、とても恐ろしい気持ちになりました。徐々に私の精神状態は落ち着きを取り戻しはじめましたが、振り返ってみると、おそらくあれが急性ストレス障害という状態なのだろうと、身をもって理解しました。

震源地からこんなに遠くの関東にいた私が、このような状態なのです。現地で被災された方々の恐怖はいくばくか、想像もつきませんでした。

そんな日々を送りながら、本当に怖い思いをしたにもかかわらず、「こんなに自分の心が揺さぶられたのだから、現地に行って、その現場をしっかり目にすべきだろう」という考えが自然に湧いてきました。

◉退職、そして被災地へ

一緒に働いていた方々には、御迷惑をおかけして本当に申し訳ないと思ったのですが、その年の八月の終わりに、お世話になっていた病院を退職しました。

すぐに被災地のボランティアを探し、まずは一泊二日のボランティア活動に参加しました。岩手県の陸前高田市に入り、夏の盛りに長靴、上下の作業着で朝から晩まで泥かきをしました。訪れた街のほとんどは、すでに更地になっていました。そこにはまるではじめから何もなかったかのようでした。ボランティア・センターで元の街の写真を見せてもらうと、今とのあまりの違いに言葉もありませんでした。

その一日だけの活動で、心身ともかなりの疲れを感じましたが、当地に来るために仕事を辞めたのですから、一息ついている場合ではありません。さらにインターネットでボランティアの募集を探していると、一つの医療系学会のサイトに行き着きました。

その学会は、多彩な専門職が日本だけでなくアメリカからも集まり、宮城県石巻市の福祉避難所で活動をしているとのことでした。早速そこに応募すると、ほどなく案内が来て、活動に参加できることになりました。

今度のボランティア活動は、泥や田んぼが相手ではなく、実際に被災された人々が対象になります。テレビで見た、あの津波を実際に経験した方々です。しかも、福祉避難所という場所は、独居であった高齢者や心身に何らかのハンディキャップを抱えている方々が多くいらっしゃる所です。考えただけで肩に力が入りました。

まずは一週間、石巻市の隣の涌谷町《わくや》にある病院の関連施設で、メンバーのみなさんと雑魚寝《ざこね》をしながら、福祉避難所に通うことになりました。

そこには医師、看護師、助産師、薬剤師、心理士、福祉を専攻する大学生など、たくさんの仲間がいました。この仲間がいてくれたことは、本当に心の支えになりました。

しかし、正直言って、そこでは相当に萎縮していました。福祉避難所に着くまでの車のなかで、このボランティアに参加したことを少し後悔していました。被災した人々に会うことが怖かったのです。

◉福祉避難所

私たちの詰めていた施設から福祉避難所までは、車で二十分くらいだったので、すぐに着いてしまいました。小高い丘の上にある、大きな文化施設でした。音楽ホールや体育館、図書館やプールなどがある複合施設です。大きなパイプ・オルガンが中央にあったのが印象的でした。

広い体育館のアリーナが避難所になっていて、等間隔にダンボールの簡易ベッドが並んでいました。壁沿いにテーブルが並び、現地の病院の医療スタッフの方々が詰めていました。ここに避難されていた方は約百名、支援に入っている方もあまり変わらないくらいいたのではないでしょうか。

支援者の動きでなんとなくざわついた雰囲気はありましたが、避難している方の多くは、段ボールのベッドに座ったり、横になっていらっしゃいました。医療スタッフさんたちも、黙って座っている方が多かったせいか、避難所全体が薄暗く感じました。医療スタッフのみなさんのなかにも、被災された方が多くいらっしゃったのですから、元気に明るくといかないのは当然だったと思います。

体育館の脇のスペースに私たちの団体のテーブルがあり、他にも社会福祉士さんの団体が来ていたり、別のボランティア団体さんが来ていたり、支援物資が山のように積まれていたりしました。そこで私は完全に雰囲気に飲み込まれました。何もできる気がしなかったのです。

◉甚だしい勘違い

私たちの団体のスタッフは、だいたい一週間で入れ替わっていました。前のスタッフさんが、避難している方のなかで気になる方の情報や、どのように場に入っていくと良い、というようなアドバイスをノートに残しておいてくれていました。私はそれを隈無《くまな》く読んでから、アリーナに降りて行きました。

そして一週間、結局、何もできた気がしませんでした。

社会福祉士さんは、避難している方々がこれから仮設住宅に移って行くにあたっての調整を現地スタッフとされており、他のボランティア団体のみなさんもお茶のコーナーを切り盛りしたり、支援物資を仕分けしていたり、精力的に動いているように見えました。私はといえば、何とか数名の方々のもとに行って、「どうですか」などと話を聴くことしかできなかったといった具合です。そこで話された内容のうち、体調のことや今後の支援に活かせそうな情報を、御本人に了承をいただいた上で、看護師さんや社会福祉士さんたちと共有するという感じでした。

私が何を言ったところで、彼らの役に立つことも心の支えになることも何もないだろうと思い込んでいたので、本当に口がきけないくらい緊張したままでした。余計なことを言って、この人たちをいたずらに傷つけてはいけないと思うと、私が言えることなど何もないと思っていたのです。

この時点で、私は甚だしい勘違いをしていました。

臨床心理士は〈聴く〉仕事です。しかし、私は〈言わなければ〉と思っていたのです。自分の職域における専門性まで見失っていたのです。

もう一つは、本書を読まれている方はおわかりになると思いますが、私は〈私〉ばかりでした。誰のために活動に入っているのか、完全に倒錯していました。できるとかできないとか、言えるとか言えないとか、結局、自分のことばかり考えていたわけです。病院だろうとどこであろうと、専門家として人と向き合うということは、自分の腕試しではありません。しかも、〈できない〉や〈言えない〉などと考えていたということは、愚かしくも私は何事かをできる、言える、と思ってこの地に来たことになります。こんな人間が支援者の顔をしてそこにいたところで、甚だ迷惑なだけです。

何冊か書物にあたってから活動に入りましたが、とにかく舞い上がってしまい、地に足がつかないまま一週間が過ぎてしまいました。

◉〈理解してほしい症候群〉からの卒業

勝手に自分のなかで緊張感を最大限まで高めてしまっていたため、一週間で心身ともにくたびれ果てました。帰りの新幹線のなかで、「これはもう無理だな」と思いました。しかし、なぜか帰ってほどなくすると、また同じ学会のボランティアに応募して、今度は十日間の活動に入りました。これもまた、同じ福祉避難所でした。

この時は、とにかくたくさんの人と話をしました。避難している方とはもちろんですが、現地病院の看護師さんやリハビリテーション・スタッフの方、社会福祉士さん、別のボランティア団体の方々、同じ団体のボランティア・スタッフとも夜遅くまでかなり話をしました。

多くの人、多くの職種の方々とお話をすることで感じることができたのは、人の生活は〈いろいろ〉なものでできているということです。それゆえに、人の生活を支えることを考えた時、そこにいろいろな人が関わるのが当然だということです。そのなかで、心理士は何かができるかもしれませんが、心理士だけではその人の生活を支えることはできないという当たり前のことが、ようやく見えてきたのです。

振り返ってみれば、認知症専門病院に勤めていた時も、私はやはり患者さんのことを〈認知症〉という状態を前提に見ていたのかもしれません。

患者さんたちは認知症だけの存在ではなく、他の誰とも同じ、人《ひと》であるという認識は、私のなかになくはなかったのです。しかし、そこが認知症専門病院であったこともあり、どこかで患者さんのことを〈いろいろ〉よりも〈認知症〉としてみる偏った姿勢が私にあったのだと思います。

だからこそ、「臨床心理士ならなんとかできるかもしれない」「認知症のことなら相談してほしい」などという、認知症を専門的に学んできたことへの驕《おご》り、傲慢《ごうまん》さ、間違った自負、お高くとまった考えが私の心を占め、孤立させていたのだと思いました。

そう思うと、本当にうんざりしましたし、関わらせてもらった患者さんや一緒に働かせてもらった病院のスタッフさんたちに申し訳なく思います。

このような反省や震災の支援活動を重ねるなかで、臨床心理士だけでは人々を支えていくことなどできるはずがないこと、いろいろな職種、いろいろな立場の人たちと協力していくことが不可欠であることが、知識としてではなく、身をもって認識できるようになっていったのです。

そうしているうちに、〈理解してもらいたい症候群〉はいつの間にかどこかへ行ってしまいました。それに気づいたのは、支援活動が終わってしばらく経ってからでした。それ以来、「私のことを、心理士のことを理解してほしい」と思うことはなくなりました。

◉ずっと支える人を支える

避難所に詰めていた医療スタッフのみなさんは黙々と動かれていました。先ほども言いましたが、スタッフの多くも、御自身が被災されていたのです。本当は自分の御家族と一緒にいたかったのかもしれませんが、夜も交代で避難所に詰めていました。

東京でリハビリテーションのクリニックにいた時も、認知症専門病院にいた時も、お世話をしている、お見舞いにいらっしゃる御家族のことは気にかけたり、お話を聴いたりしていましたが、医療スタッフのメンタル・ヘルスに気を配っていたという記憶はあまりありませんでした。

この福祉避難所の医療スタッフのみなさんを目の当たりにしてはじめて、私のなかに、当事者の方だけでなく、彼らを支える人を支える存在が必要なのだという考えが再認識されました。

もちろん、そのような考え方は、教科書的に知識として持っていましたが、それまでは、そこに目を向けられるほど余裕がなかったのだと思います。

二度目の支援活動で、少し余裕を持って状況を見られるようになっていたのか、ふとそれに気付いた私は、積極的に医療スタッフのみなさんに話しかけるようになりました。初めのうちは訝《いぶか》しがられ、気のない応対が多かったのですが、それでもめげずに、彼らのなかに入って行きました。

私は、心理士の一番の仕事は、人の話を聴くことだと思っています。しかし、この時は、とにかく私から話しかけました。「ゴリラが胸を叩くドラミングは、数キロ先まで届くらしい」など、どうでもよい話も随分しました。そうしているうちに、向こうから挨拶をしてくれたり、話しかけてくれたりする方が出てきました。

あまり込み入った話や避難している方の相談などは、それほどありませんでしたが、私と話すことで少しでもスタッフのみなさんがリラックスして、笑ってもらえたらと考えていました。ここで避難している方々を支え続けていくのは、現地の医療スタッフのみなさんです。医療スタッフの方々の心に少し余裕ができれば、避難している方々にも余裕をもって接することができるかもしれませんし、彼らの変化により鋭く気付けるかもしれません。そのことが、すぐに帰ってしまう人間が、ずっと支えていく人に対してできることの一つなのかなと思ったのです。

◉〈関わり続ける人〉へ

避難していた方々から一番多く言われたのは、「あんたもすぐいなくなるんだべ」という言葉でした。頼りにしてほしかった認知症専門病院時代、私は病棟では、〈たまに来る人〉でした。今度は〈すぐいなくなる人〉です。これでは皆さんが安心して頼れるはずもありません。

彼らは、「ちょっとボランティアに来てみました」という人ではなく、しっかり腰を据えて、「あなたたちのことを見ていきますよ」と関わり続ける人を欲しているのだと思いました。そして、これまで支援に入っていたボランティアのみなさんは、「こういう人たちにずっといて欲しい」と思ってもらえるような、素晴らしい人たちばかりだったのだろう、とも思いました。

そしてその後、私にとってもとても嬉しい、そしてありがたい機会が訪れました。学会の調整役の先生から「しばらくこっちに腰を据えて、仮設住宅を回る活動のリーダーをしてみないか」というお話をいただいたのです。この福祉避難所は、平成二十三年の九月末日で閉鎖され、それまでに避難していたみなさんは仮設住宅に移ることになっていたのです。そうなると、今度は仮設住宅を対象とした活動が始まるわけです。

これならば私は、ずっとではありませんが、少しだけ〈関わり続ける人〉になれます。しばらく宮城に住むことになるので、少々のためらいはありましたが、私はこのために仕事を辞めてきたんだと思うと、お引き受けするという答えを出すまでに長い時間は必要ありませんでした。

その後も何度か単発で、一週間や十日の活動を経て、平成二十三年の十二月から平成二十四年の三月末までの四ヶ月間、涌谷町《わくや》に腰を据えながら、県内のいくつかの街の仮設住宅を回り、集会所に集まった方々にお茶やコーヒーを振る舞いながら、体調や生活の様子についてお話を伺う活動をさせていただくことになったのです。ちなみに宮城では、このようにみんなで集まってお茶を飲みながらお話しすることを、〈お茶っこ〉と呼んでいます。

◉「俺たちは心のケアをしてほしいんだ」

仮設住宅の集会所を回りながら、ある中年男性から言われた言葉が、とても印象に残っています。私たちはお茶を飲みながら、それぞれが抱えている悩みや、話し足りていない震災時の出来事についての記憶や、お気持ちなどを聴き取ることをしていました。もちろん御本人がそれに触れる場合は聴きましたが、御本人からそのようなお話が出なければ促すことはありませんでした。そうです、私たちはこれでも心のケアをしているつもりでした。

しかし、ある仮設住宅で、いつものようにみなさんとお話をしていると、一人の男性から言われたのです。「いや〜、俺たちはこういうのをしてほしいんじゃなくて、心のケアっていうのをしてほしいんだよね」と。私は少し驚きました。この男性にとっては私たちのしていることは心のケアではなかったのです。他の方のなかにも、「これは心のケアだ」と思っていらっしゃる方はほぼいなかったのかもしれません。しかし彼にとってはそれを声に出して訴えなければならないくらい、心に抱えたものがあったのだと思いました。「それでは、どういうことが心のケアになるんだろう」「どんな関わり方をしたら彼の心は少しでも癒やされるのだろう」。それを彼に聞いても、おそらく答えはなかったと思いますし、そんなことを聞くこと自体論外です。

一時期〈心のケア〉と言う言葉が、流行のように使われました。震災から数年しても、事あるごとに報道などで、「今が本当に心のケアが必要な時期に入っているのかもしれません」と言われていました。

もちろん心のケアとは何なのか、人の心を癒やすとはどういうことなのかを、私たちが考えることは大切なことです。しかし、それはさておき、この現場で大切だったのは、この男性が、私たちの活動がある時にはほぼ休みなく集会所に顔を出してくれていたことです。彼は私たちの集まりに来ることも、参加した方々のなかでさまざまな思いや考えをお話しすることも続けてくださいました。

彼がここに来続けていたことに、心のケアについての一つのヒントがあるのだと思います。

◉都会のペース

時々複数のボランティア団体が集まって、現状の共有をする会議に顔を出しました。そのような時に時々いたのが、都会のペースをそのまま取り入れたがっている支援者です。それは全くナンセンスでした。「あの町は行政の対応が遅い」「あの集会所の自治会は、積極的に活動しようとしない」「住民にこう動いてもらえると、活動がやりやすい」などと言いたい人は結構います。そのすべてがナンセンスでした。このような人たちは、いったい何をするためにこの土地に来たのかわかりません。「ここに何しに来たんですか？」と聞きたくなるくらいでした。

被災していない人間が、自分の暮らす環境の感覚のままに来て、都会のペースを是として活動を行なおうとしていたわけです。震災で心身ともに傷つき、回復の途上にもない人が、今までにないペースで、かつ新しいことをさせられることが、どんなに大変で苦痛なことなのか、想像力の欠如にもほどがあります。

これはリハビリテーションのクリニックで、理学療法士さんに教えていただいたことがそのまま活かされる場面でしょう。彼らは彼らなりに彼らのペースで回復しますし、街も元のように戻っていくでしょう。私たちの役割はそれを加速させることではなく、彼らが安心して彼らの回復のペースを保てるように邪魔をしないことであり、邪魔になる事柄を取り除くことです。自分たちが邪魔になってどうするというのでしょう。

もちろん私の考え方だけが正しいわけではないでしょう。しかし、目に余る人は確かにいたのです。

これは、後述しますが、認知症の家族への支援でも同様のことが言えると思います。支援者が勝手に「この家族には支援が必要だ」といって介入をはじめ、「奥さんのやり方よりこちらのやり方の方が効率的だから」と口を出してみたり、御本人たちはまだ必要ないと言っている社会資源を早々に導入して、結局使わなくなってしまったり、御本人や御家族のペースを乱すようなことは、支援とは言えないでしょう。そのような関わり方は、彼らの自己治癒力やいわゆるレジリエンスのような回復力を阻害するものだからです。それは支援者側の自己満足に過ぎず、無意識的にかもしれませんが、彼らを支配しようとするものではないでしょうか。

私たちは他人の人生に関わります。しかもそれは、相当に敏感な部分に、です。私たちには、常にそのような意識と自分の欲求を自覚し、それを律する精神性が求められるのだと考えています。

◉無関心と忘却の是——ただ平穏に日常生活を送ること

仮設住宅をめぐりながら、本当にたくさんの方々にお話を聴かせていただきました。一番多かった話題は、やはり津波のことでした。彼らの語りの特徴は、極めて描写が詳細で生々しいということでした。津波に呑《の》まれて流されていた時の状況やその時人と交わした言葉、目にしてしまった光景など、お話を聴いているこちら側がはっきりと頭にその映像をイメージとして結ぶことが可能なほどでした。毎日のようにそのようなお話を聴かせてもらっていると、さすがにこちら側も心のメンテナンスが必要になります。

なので、私は時々休憩の意味も込めて実家に帰っていました。

震災から一年弱、その頃は当初に比べればテレビでの震災関連番組はずいぶん減っており、家族や友人の間でも震災に関する話題は多くなくなってきつつありました。

〈震災を風化させない〉、〈被災地を忘れないでほしい〉などの言葉が被災地からあがり、テレビなどのメディアにも取り上げられていました。日本中どころか世界中が震撼した大災害であり、多くの尊い命が失われ、多くの人が傷ついたことは本当に悲しく思います。あの震災のことは、あらゆる場面で後世に伝えなければならないと思いますし、事実だけでなく、あの時各人が抱えた感情や想いも、記憶のどこかに留めておくことができればそれに越したことはないと思います。

しかしながら、これは人によって意見が分かれるところだと思いますが、私は自分の家族や友人がほどほどに被災地のことから気持ちを離していてくれたこと、ほどほどに無関心でいてくれたことをありがたく思いました。全く関心がなかったのでもなく、あえて被災地のことに触れないでいてくれたのかもしれませんが、私は休むために帰ったのです。もちろん帰省しても、頭の片隅よりも広い範囲に、被災地や関わっている人のことはよぎります。しかし、心と身体を休ませている時まで、テレビで被災地のことばかり見るのは、少々きつい気がしました。周囲から、「被災地はどうなの?」「いまの復興はどんな感じなの?」などといろいろ聞かれたら、余計に気持ちが休まらなかったと思います。

私の家族や友人らの多くは、すでに彼らの日常生活を取り戻し、平穏に自分たちの日々を送っていました。そのなんでもない日常のなかに帰れたからこそ、私も心と身体を被災地から離すことができ、心も身体も休ませることができたのです。帰った先でもすべてが震災関連のことがらで溢れていたのであれば、帰省する意味はなかったでしょう。そこが私を、ひと時だけでも震災から自由にしてくれる、だから帰っていたのです。

どこかで深刻な問題が生じると、必ずそれに一生懸命に向き合う人々が現れてくれます。平成の後半は、自然災害が毎年のように起こっていました。そこに関わっていく人たちが、継続的に一生懸命でいられるためには、その問題にほどほどに無関心であったり、その問題のことはもうあまり記憶になかったりする人々の存在があってもいいのではないかと思うのです。そういう人たちがいてくれるからこそ、ガス抜きができる隙間が社会に保たれるのだと思うからです。

繰り返しますが、これは人によって大きく考えに相違があると思います。

当時ソーシャル・ネットワーキング・サービス（ＳＮＳ）で、時折見かけた書き込みにこのようなものがありました。


「私は仕事があるために、なかなか被災地には行けません。何かできることがあれば教えてください」

支援者にとっては、このような気持ちを持ってくれている人がいることを知るだけでも、大きな心の支えになるものです。そのような方々に向けて、私もＳＮＳに以下のような書き込みをしました。


「被災地に支援に来たくても来ることができないみなさんへ」

ありがとうございます。

みなさんが、私たちが安心して帰ることができる日常を守ってくれているからこそ、私たちは安心してこちらで支援活動を継続することができます。

何もできていないと歯がゆく思うことがあるかもしれません。しかし、みなさんの安定した生活が、帰った私たちを癒やしてくれるでしょう。

（中略）

報道を見たら少し被災地のことを思ってください。

戻った仲間の話を聞いてあげてください。

「もう世間は忘れている」という仲間を責めないであげてください。

今になって読み返すと、これは介護をしている家族の方と地域との関係にも似ているなと思うわけです。世間や地域がみんなで、「介護は大変だ！　認知症は大変だ！」といつも言っているとしましょう。はじめは介護している方にとっても、みんなが介護や認知症のことを問題と捉えていることを好ましく思うかもしれません。しかし、どこに行っても世間が介護や認知症の話題で溢れていると、それはそれで介護している方たちは心も身体も休まらないのではないでしょうか。介護している方がひと時でも、介護のことや認知症を抱えた親御さんやパートナーのことを忘れられるために、人々の何でもない日常生活があることはとても大切だと思います。

ですから、私は、みんながみんな一生懸命に介護や認知症のことを考えなくても良いのではないかと思うのです。テレビや雑誌などで、また報道やニュースなどを見かけた時に少し、そういう方々がいることに思いを馳せてもらえればいいのではないでしょうか。そして介護や認知症などに無関心な人がいても、責めないでもらいたいのです。無理やり知識を押し付けないでもらいたいのです。そういう方々と織りなしている、何でもない日常に癒やされる介護者もいるかもしれないのですから。

所属していた学会が仮設住宅での活動を終了した、平成二十四年の三月末日をもって、私も被災地での支援活動を終了しました。

5　リワーク

◉無職・無気力生活

宮城のボランティア活動を終えた私は、完全に燃え尽きていました。

群馬県の実家に帰り、平成二十四年の四月から七月までの三ヶ月に及ぶ無職・無気力生活が始まりました。

毎日、早くても午前の十時半から十一時くらいに起きて、朝食とも昼食とも言えない食事を取りました。それからしばらく、ぼーっとして、昼過ぎのドラマの再放送を見ました。それが終わると、夕方前に少し散歩に出ました。あとは、晩ご飯を食べて、お風呂に入って寝るだけです。

ボランティア活動のことはあまり思い出しませんでしたし、東北のニュースを見るのは少し避けていました。

将来への不安や「働かなくては」という焦りもなく、何もしていないことへの罪悪感もなく、「あんなに頑張ったんだから」という言い訳もありませんでした。

本当に、ただ生きていただけでした。

◉そろそろ働くか

そろそろ働こうかと思い始めたのは、七月に入ってしばらくしてからだったでしょうか。親は「まだ働かなくてもいいのでは」と言ってくれましたが、少し気力が戻ってきたので、仕事を探し始めました。ハローワークに行ってみたり、心理士関連のサイトで求人を探したりしましたが、結局は大学院時代の友人からの情報で職に就くことになり、東京に出ました。

そこで得た仕事がリワークというものでした。Return to work の略語で復職支援プログラムなどとも言われます。リワークとは、一時的に元気をなくして仕事を長期で休んでいた方が、元気を取り戻してきて、また仕事に戻りたいけれど直接職場に戻るのは自信がないので、会社に戻るためのリハビリテーションをしよう、という場所です。

◉リワークの内容（私が勤めたセンターの場合）

リワークを希望する方は、まず私が勤めていたリワーク支援のセンターに電話をしてきます。そこで面接の日時を決め、顔を合わせたところで約二時間におよび、現在の心身の状態や元気がなくなったことの経緯、会社との関係や上司の理解、いつごろの復帰を目指しているか、などをお聞きします。

それですぐにリワークのプログラムに加われるのではなく、正式なプログラムに参加するには条件がありました。それは、朝のラジオ体操に二週間は続けて参加することでした。それがままならない人はまだ時期尚早で、もう少し休息が必要でしょうというわけです。

二週間のラジオ体操をクリアし、センターの医師の面接で参加可能という許可が出ると、正式にプログラムに参加となり、約四ヶ月間通ってもらうことになります。

はじめの頃は、主に木工や業務用クリーニングのアイロンがけ作業など、身体を使う、かつ他者と共同作業をすることが多く取り入れられます。

段階が進むと、個別にデスクワークをしたり、再発防止のために集団で認知行動療法を学んだり、自分の言いたいことを上手に相手に伝える、いわゆるアサーティブなコミュニケーションの練習などに移行します。

利用者さんには担当の職員がついており、時々面接の機会をもって対話を重ねながらプログラムの進行を調整します。また利用者さんの会社の人事担当者や上司とも復帰の時機を話し合ったりしました。

◉リワークの利用者さん

当時の利用者さんの男女比は、男性が少し多いかなという印象でした。年齢は二十代の方もいましたが、三十代後半から五十代にかけての方が多かったでしょうか。

私の印象ですが、利用者さんの多くが、とても真面目にプログラムに取り組む方々でした。いつもいくらか緊張しているようで、特に正式なプログラムに参加し始めて慣れていない頃は、大変そうに見える方が少なくありませんでした。また、真面目過ぎるゆえか、考え方の柔軟性が低く、コミュニケーションが上手ではありませんでした。

コミュニケーションが上手ではないというのは、こちらを見ながら話せなかったり、大切なことを早めに報告、相談できなかったり、自分の感情についての表現が少ないということです。嫌われたらどうしよう、怒られたらどうしようという考えが先に立って、人に話しかけられないという人も少なくありませんでした。

そして、実際はどうなのかはわかりませんが、会社のなかで「わかってもらえない」と主観的な孤立感を高めていました。どこかで聞いた話ではありませんか。

◉仲間がいれば粘れる

元気をなくした理由が、とにかく仕事が忙しくて体調を崩し、休みに入らざるを得なかったという方に私はお会いしませんでした。それはたまたまなのかもしれません。

しかし、ここには大きな示唆があると思います。おそらく仕事が大変だったり、忙しかったりで、心身ともに疲弊してもおかしくない職場であっても、そこで働く人々が仲間になっていて、自分が必要とされている感覚、ここは自分の居場所だという感覚があれば、必要以上に元気を失わずに粘れる、自分の生活を保てるのではないかということです。

リワーク参加者さんたちの話から抽出すると、彼らが仲間だと感じることができる条件は以下のようなことになりそうです。

（1）こちらの発言や行動に対して否定から始めない。
（2）大変な時は手伝ったり一緒にやってくれたりする。
（3）相談は最後まで聴いてくれる。

読者のなかには、そんな職場はないよ、甘いなぁ、と思う方もいるかもしれません。しかし、コミュニケーションが上手ではない人たちには、このような人的環境が必要なのだと思います。もちろんコミュニケーションが上手に取れるような努力を本人たちがしていく必要はあるのでしょうが。たった四ヶ月のプログラムを受けただけで、数十年続けてきたコミュニケーションのパターンを変えられる人などいません。リワークのプログラムは、「このような状況ではこうしてみたら」というヒントを学ぶ場です。それらを本人たちがいかに生活のなかで実践に移していけるかがポイントになるわけです。知っているからといって、それができるわけではありません。彼らの努力だけではどうにもならないことも多いのではないでしょうか。

◉介護家族に通じる道

また後でも出てきますが、この「仲間がいれば粘れる」という私の考えは、自宅で介護をされている御家族にも通じるものがあると思っています。

介護は心身ともに疲弊します。それが自分の大切な人であり、そこに認知症のさまざまな症状が重なったり、これまで人のお世話などしてこなかった男性が介護する立場になったりした場合などは、さらに介護環境が過酷になることは想像に難くありません。

実際に地域で出会う介護家族においても、仲間となる人がいて、心身を支えてくれているケースでは、疲労や不満などが語られはしても、比較的心身の不調に陥らずに粘れています。自分と介護を受けている人の生活をなんとか保てているのです。

その仲間とは、家族のこともあり、ケアマネジャーさんや介護サービスのスタッフ、地域包括支援センターのスタッフなどの社会資源のこともあり、民生委員さんや御近所さんなどさまざまです。

それは形式的にいろいろな人やサービスが関わっているのではなく、介護している方が、「何かあったらあの人がいる」のような安心感や信頼感などの心理的な繋がりを持てている仲間なのです。多くの仲間が周囲にいてくれることを認識できていて、彼らに感謝を表わせている方は、日々の波はあっても、大きく元気を落とすことは少ないようでした。

6　X大学病院にて

◉X大学病院へ

働くことのリズムを取り戻してきた私は、ふたたび認知症関連の仕事を探し始めました。そして出会ったのがX大学病院でした。

ここでその後の私にとって大きかったことは、いわゆる認知症の予備軍といわれる軽度認知障害（mild cognitive impairment：MCI）を対象とした「認知力アップデイケア」に参画し、実践に加われたことでした。

軽度認知障害とは、認知症ではないものの、自他ともにもの忘れの認識があり、一人暮らしに支障は出ていないけれど、認知機能検査を受けると、「注意」や「記憶」など、いずれかの領域で低下が認められる状態をいいます。

◉認知力アップデイケア

この認知力アップのデイケアは、ＭＣＩの方に、さまざまな研究によって「これは認知症の予防として効果があるのではないか」と言われているプログラムに取り組んでいただき、認知症に移行するのを何とか食い止められないかという試みです。

効果の評価については、デイケアに参加してプログラムを開始する前に一回、それ以降は半年ごとに、認知機能のアセスメントを行ないました。加えて御家族の目から見た日常生活の様子を聞き取ることで、数字だけではない、実生活の変化についても評価をしました。

◉デイケアのプログラム

プログラムは本当にさまざまでした。臨床美術、音楽、有酸素運動やレクリエーション、筋力トレーニング、コンピュータ・ゲーム、ダンス、回想法などを組み合わせ、時には近くの公園にみなさんで散歩に出たり、春や秋には近くの山などに遠足に行ったり、一時期は本物のパチスロを打ったりもしました。

デイケアは週に三日あり、患者さんには、そのうちどれか一日に参加していただきました。概《おおむ》ねプログラムは、午前と午後に分かれていました。たとえば、午前は臨床美術で、午後は身体を動かすプログラム、などのように組み合わせていました。

内容があまりに豊富だったので、アセスメントに変化が見られたとしても、何が効果的だったのかはわかりませんでした。しかし、私が在籍していた二年間で、明らかに認知機能が低下し、日常生活に支障が増えたという方は多くありませんでした。何のプログラムがピンポイントで効果的だったのかはわかりませんが、あの場所で過ごした時間に何らかの意義があったことは間違いないと思います。

◉デイケアの患者さん

参加者は基本的に軽度認知障害の人としていました。多くの患者さんが日常生活での支障はまだ少なく、自動車の運転をしている方も多くいらっしゃいました。ですから、医師からデイケアを勧められたとしても、「まだ、そういうのは……」と、初めのうちはしぶしぶ参加を決めた方が多かったようです。

一方で、参加当初からすでに何らかの認知症性疾患の診断があり、軽度の認知症の状態である方も少なくありませんでした。しかし、現場スタッフは来るもの拒まずで、どんな方でも参加していただいていました。昼食を病院内の売店で買ったあと、デイケア・センターまで戻ってこられなかったり、病院から出て行ってしまわれたり、車椅子での参加だったりなどもありました。しかしスタッフ側の対応や他の患者さんやその御家族の協力によって、何とかデイケアは成り立っていました。

患者さんがあまりに多様になると大変だと思われるかもしれません。けれど病気があろうとなかろうと、高齢者が数名集まるだけで、もはや相当の多様性と複雑さが生じます。幸い、デイケアのスタッフは、みなあまりそういうことで右往左往しない人たちばかりでしたので、どんな方がデイケアに紹介されてきても、あまり問題になりませんでした。

◉スタッフの役割

このデイケア現場の責任者は〈作業療法士〉でした。それから専従の〈看護師〉と私が主にスタッフとして入り、〈非常勤の臨床心理士〉〈非常勤の看護師〉にもお手伝いいただくことがありました。別の大学の先生からも、時々アドバイスをいただきました。

スタッフの現場での主な仕事は、各プログラムに一緒に入って、講師の方のお手伝いをすること、サポートが必要な患者さんについて個別に対応することでした。

そのなかで一番の役割は、患者さんや御家族が「今日も参加して良かった」「今日も楽しかった」と思ってもらう〈場〉、〈雰囲気〉をつくることでした。まさにここで活かされたのは、リハビリテーションのクリニックで教えてもらった、《何をするかではなく、どのようにするか》《ＷｈａｔよりＨｏｗを重視する》という考え方でした。

◉一人一人とお話をする

Ｈｏｗの一つとして私は、毎回必ず、患者さん全員に声をかけてお話しするように心がけていました。患者さんや御家族にとって、僭越ながらスタッフは、〈先生〉という存在になります。そのような存在の人が、大勢の参加者のなかできちんと自分一人に向き合って話をしてくれるということは、それだけでもその方を承認する行為になります。「あぁ、この先生はちゃんと私のことを見てくれている」「うちの人のことを考えてくれている」という安心感は、小さなものではありません。そう思ってもらえることで、デイケアへの継続参加意欲に影響があるのではないか、と考えていたのです。

加えて、参加者を絶対に孤立させないように気を配りました。デイケアの最中に一人で下を向いている人を作らない、ということです。気付いたスタッフが素早く対応して、何気なく話しかけたり、近くでお話ししている方々の輪に入れてもらったりする、などしていました。

孤立感や疎外感を持った患者さんは、もうデイケアには来なくなります。たとえ来てくださっても、とても嫌な気持ちや不安を抱えていらっしゃるでしょう。せっかく治療に来た病院なのに心を傷つけられてしまうのです。その方にとってそこは医療機関とは言えないのは明らかなことです。

◉失敗に向き合うこと

デイケアのプログラムは、簡単なものばかりではありませんでした。また、各プログラムの講師は、その道の専門家ではあっても、高齢者臨床のプロではありません。したがって、何十名もいる患者さん一人一人にまで目を向けることは困難です。しかも患者さんの多くは、多かれ少なかれ認知機能の低下を抱えてらしたので、当然、患者さんが苦戦すること、上手くいかないことや失敗することが出てきます。

参加者さんは日常生活のなかで少し苦手になったことが出てきたので病院を受診し、なんとかしてもらいたいとデイケアに参加した方々です。その方々の心の傷を、ここでまた拡げるわけにはいきません。しかし、どうしてもプログラムのなかで、難しいことや失敗するという場面は出てきてしまいます。ここで患者さんにどう向き合うかが、高齢者臨床を専門とする私たちの大きな役割でした。

◉できることはやっぱり大事！

日常生活においても、デイケアのプログラムにおいても、できなくても問題ないことは山ほどあります。自分のもの忘れをそれほど問題視していない人にとっては、「まあ、こんなのできなくてもいいか」と気にせずにいられますが、患者さんや御家族にとってはそういうわけにはいきません。

患者さんたちは、まだできていることの方が圧倒的に多いにもかかわらず、自分で自分のもの忘れに気付いては傷つき、以前のようにいかなくなったことを御家族から指摘されてさらに傷つくことを繰り返しながら、日々を送られています。当然それを指摘している御家族も傷ついています。そのようにして、患者さんの多くは、心理的に《できなくなった人》になってしまっています。

繰り返しになりますが、この段階の患者さんには、まだまだできることの方が圧倒的に多いのです。ですから、私たちの役割として大きいことは、まず、その《できる時間》をしっかり作り、《まだできる》という認識を持ってもらうことでした。

臨床美術で絵を描く時、音楽ではじめての楽器に触れる時、筋力トレーニングで正しいポジションを取る時、コンピュータゲームでボタンを押す時など、とにかくその方をどこまで手伝えば、あとは自分でできるのかを観察評価し、スタッフで共有しながら、御本人の《できる時間》をお手伝いしました。

患者さんは一見きちんと講師の教示通りに動けていても、心のなかで、「これで良いのかしら?」「ちゃんとできているのかな?」と不安を抱えていることは想像に難くありません。ですから、単に「こう動かすのですよ」と伝えるだけではなく、一人一人の動きを見ながら、「そうそう、良いですよ」「そう、これでオッケーです」など声をかけながら、《できる時間》にしていくことを心がけていました。

◉笑い飛ばす

失敗への向き合い方として大切にしていたことは、たくさんの《笑い》を取り入れることでした。

ここのデイケアでは、患者さんも、御家族も、私たちスタッフも、実によく笑いました。患者さんにはこちらが思うよりずっとタフな方が多く、失敗をされても、それを取り繕って、咄嗟《とっさ》にかなりセンスの良い冗談を言ったりされます。「え! この人がこんなこと言うの?」という場面もたくさんありました。

また、患者さんがプログラムを実施する姿を観察しながら、これは少し難しいのでは、とスタッフが感じた時には、講師の方に、「先生、これちょっと難しいですよ! こりゃ、ちょっとできないですよね~」などと冗談めかして言わせてもらうこともありました。

上手くいかなかった時に笑われた場合、なぜそれが不愉快なのでしょう。それは、まさに《笑われている》から、つまり、馬鹿にされたように感じたから不愉快になっているのだと思います。私も同じです。

しかし、その失敗を、笑って楽しんでもらった時、同じ失敗で笑われていても、不愉快ではないのです。期せずして、私のその失敗が、周囲を楽しい雰囲気にした、ということです。

◉失敗が笑いに

これは一つの自己効力感となりはしないでしょうか。笑われた、馬鹿にされたと感じた時は、その怒りや悔しさ、恥ずかしさでその場は終わり、そのあとに嫌な感情がべったりと残るだけです。しかし、自分の失敗で周囲を楽しませることができ、それで自分も楽しい気分になれたとしたら、それまでネガティブでしかなかった失敗に、ポジティブな意味づけがなされるかもしれません。もはやそれらは《失敗》ではなくなるのです。また、そうして楽しんでくれる人たちへの親近感が増し、その人たちという場所が自分の居場所と思えるようになるのではないでしょうか。

この笑いの場面で大切なのは、私の失敗を笑いにしてくれる人は、間違いなく、私にとって良い人です。普段の関係も良好で、私が気が置けないと思っている人が、失敗をそのように扱ってくれたら嬉しく思うのです。普段から私を一段下に見ているような人、関係の薄い人が私の失敗を笑ったのを見たら、おそらく私は、馬鹿にされたという受けとめ方をするのではないかと思います。ですから、本当に基本的なところですが、そういう点でも、普段からの患者さんとの関わりの積み重ねが重要だということになります。

私がX大学病院を辞める時に、患者さんとその御家族から寄せ書きをいただきました。そのなかで、御家族からの言葉が心に残っています。

「あざみさんは、どんな時も、決して私たちを馬鹿にしませんでした」

裏を返せば、患者さんや御家族のなかには、「自分たちは馬鹿にされているんじゃないか」という思いや不安、恐怖を抱えている人がいるということです。

ですから、私たちは、決して患者さんを笑いませんでした。しかし、大いに笑わせていただきました。この違いはもうおわかりだと思います。そして帰り際に、御本人にお伝えするのです。「○○さんのお陰で、今日は皆さんが笑顔になれました。ありがとうございました。またお待ちしていますね」と。

◉自然に接する

この《笑い》は、こちらが相手のことを、「患者さん」という枠組みで意識し過ぎる不自然な関わりのなかからは生まれにくいでしょう。もちろん専門家として患者さんの心身の状態を観察し、それに配慮して関わっていくことは必須です。しかし、それだけでは、患者さんを人としてというよりも、ＭＣＩ、認知症患者として見ている感覚が強い印象です。どこかで聞いた話ですね。

そんな特別な目で見られたいと思っている患者さんはいないでしょうし、御家族も、これまで散々そういう目を向けられて嫌な思いをし、ようやくこのデイケアにたどり着いた方々です。

ですから、この領域に携わる私たちの専門性の一つとして考えているのは、患者さんに私たちの専門的な視点や態度をいかに意識させずに、普通に自然に接することができるかということです。教科書的に言えば、《関与しながらの観察》ですね。熟練の臨床家の方々は、このような姿勢が意識せずに取れているのだと思います。しかし、初学者の方や臨床経験が少ない方にとって、これはなかなか実践としては難しいことです。この点に関しては、カウンセリングなどの専門的な書籍をあたっていただければと思います。

◉私の変化——楽しむことがすべてに通ず

このデイケアが始まった当初は、私はトレーニング志向でした。すなわち、できるだけ患者さんに頭を使ってもらい、認知機能の低下を可能な限り抑えて、現在の日常生活を維持してもらいたい、という考えだったのです。

しかし、デイケアの責任者である作業療法士さんに、ある時、言われました。「そんなにトレーニングしなきゃいけないのかな〜。もっと楽しくしてもいいんじゃないかな〜」と。

幸いにして、私は早めに気がつきました。自分がまた視野が狭くなっていたことに。そのアドバイスをもらってから、私はすぐに、考え方も行動も切り替えることができました。人から言われてすぐに考え方が変わるなんて、最初からちゃんと考えてなかったんじゃないの、と言われてしまえば、ぐうの音も出ませんが、いかに患者さんに頭を使ってもらうかではなく、いかに患者さんに今日一日を楽しんでもらうか、心を使ってもらうかと考えるようになったのです。この変化は、その後の私の仕事のスタイルを決定するために、とても大きなことでした。

楽しいことには集中します。楽しいことは好きになりますから、覚えようとします。楽しいことは少々頑張れるので、疲れます。心地良い疲れは、食事や睡眠にも好ましい影響を与えるでしょう。また、見学している御家族も、苦労している御本人よりも、楽しんでいる御本人を見られた方が、心地良いでしょう。そしてその楽しいことは、自宅に帰ってから、お互いの共通の話題になります。そして、楽しい場所にはまた行きたいと思います。

この楽しんでもらうというスタイルが、私のなかでしっかりと根づいたのは、患者さんたちの変化があったからでした。

◉患者さんの変化

デイケアに参加された患者さんと御家族は、もの忘れや認知症が心配で、または、すでに日常生活に支障をきたして、病院を受診しています。

そしてその心配があるので、心理的な抵抗がありながらも、医師に勧められて、デイケアに参加しているのです。

しかし、参加してしばらくすると、多くの患者さんに変化が現れます。それは、参加目的の変化です。もの忘れを何とかしたい、ということでの参加のはずだったのが、「楽しいから来ている」「仲間がいるから来ている」「ここならもの忘れのことを隠さなくていい」などに変わっていくのです。一番はじめの頃から参加していたある男性患者さんが話してくださったのは、「ここに来たら、認知症のことを考えなくなりました」ということでした。認知症が心配でデイケアに参加されたにもかかわらず、参加したことでそれを忘れられるという変化は、認知機能の数値の変化よりも看過できないものだと思いました。

◉患者さんの多様性

先ほども書きましたが、デイケアの対象は軽度認知障害としましたが、実際は、かなり多様でした。このような場合、プログラムの難易度をどのように設定したら良いのかやスタッフはどこまで関われば良いのか、など課題が出てきます。そのあたりは現場の工夫や考え方の柔軟さでいかようにもできます。

大事なのは、この多様性のメリットに目を向けることです。

その一つが患者さん同士の助け合いです。患者のみなさんは毎週顔を合わせています。大体この人はこのくらいはできる、私よりもこれくらいだ、という感覚を持って付き合っています。この比較のせいで元気をなくしたり、自信をなくしたりしてしまうケースもあるのですが、それでも相対的に、できることが多い方は、サポートが必要な方に気を配ってくださいます。

立ち上がる時に手を貸してくださったり、体操の時に隣で正しいフォームを教えてくださったり、一緒にお昼御飯を買いに行ったり、まだ参加して日が浅い人に積極的に声をかけて、早くデイケアに溶け込めるように気を遣ってくださったりします。本当にこちらが何も要求しなくても、自発的にみなさんが考えて、動いてくださいました。とても凝集性の高い、つまり心の結びつきの強い集団に成長していったのです。これが特定の曜日の患者さんだけでなく、全ての曜日に見られたのです。

このような患者さんたちの変化は、本当に感動的ですらありました。おそらくこれは、変化と言うよりも、患者さんの精神的な成長と言って良いのだと思います。

◉御家族の変化

患者さんが変わってくると、御家族も変わります。

患者さんの半数より少し多いくらいの方々が、御家族も一緒に、デイケアにいらしていました。御家族は患者さんがプログラムを実施している時は、デイケア・ルームの外から様子を御覧になったり、御家族同士でお話をされたりしていました。そこで、なんとなく家族会というか、自助グループのような活動が行なわれていたようでした。

御家族のなかには、他の患者さんと自分の夫や自分の妻を比較して、苦しくなっていらっしゃる方もいました。比較的明るく「あなたのうちの御主人は良いわね～、うちのなんかこんなこともできなくなっちゃったわよ」などとおっしゃる御家族もあります。でも内心御自分でそう言いながら、傷ついていることもあるのではないかと考えていました。

半年に一度の心理検査とそのフィードバックについては、私が全て担当していたので、その時にじっくりと、御本人と御家族から個別にお話を聴いていました。

御家族の変化として多く見られたのは、次のようなことでした。

苦労ばかりの発言ではなく、「こういうことはまだできるんです」というポジティブな面への言及が見られるようになるということです。さらに、これまで同様に、できないことに関しても、「やっぱり自分で歯磨き粉をつけて歯を磨くのはできないんですけど、これも仕方がないんですよね。もうそこは私がするようにしています」など、できないことを嘆くだけではなく、御本人への期待が無理のない妥当な水準になってくる、ということでした。

発言としてはそのような形で表われていても、諦めきれない、諦めたくない気持ちがおありでしょうし、拭いきれない葛藤をお持ちだとも思います。

なので、私は御家族とも、時間があればできる限り個別にお話しする機会を持つように心がけていました。

このような活動を続けて二年ほど経った頃、縁あって震災支援でお世話になった宮城県の東松島市に移住することになったのです。

7　救命救急センターともの忘れ外来

宮城に移住してはじめの一年は、災害関係の研究機関に勤めました。

そこからの派遣で、週四日は大学病院の救命救急センターで働き、もう一日は近隣市の中核病院で行なっている、もの忘れ外来のお手伝いをしていました。

◉救命救急センター

救命救急センターは、広い空間にオープンになっているベッドがいくつも並んでいました。個室もあり、感染のリスクが高い患者さんなどに使用していました。

事故や急病、自死の未遂などで搬送された患者さんが短い期間で入れ替わり、毎日のように状態が変わっていくので、こちらも状況把握してついて行くのが大変でした。

急患や患者さんの急変などは夜間や早朝に多いためか、日中にセンターに行く私たちは、センター内がバタバタして、殺伐とした雰囲気になるような場面にはほとんど出くわしませんでした。

そのため現場の切り盛りをしている看護師さんたちも落ち着いていて、処置がなければ私たち臨床心理士ともしっかりお話をしてくれました。

◉臨床心理士にできることがあるのか？

救命救急センターで臨床心理士に何ができるの、とお思いになる方もいらっしゃると思います。患者さんが短い期間で入れ替わるなか、私は何をしていたのでしょうか。

前日に自死の未遂で大怪我を負ったばかりなのに、「私、もう大丈夫です」と笑顔で言う方にも、火事に巻き込まれ全身火傷で連日の皮膚の移植手術を受けた方にも、頸椎損傷《けいついそんしょう》で身体が思うように動かせなくなった方にも、交通事故に巻き込まれて意識が回復しない小学生のお母さんにも、御夫婦でお互いに「何かあっても、処置などせずに自然のままでいよう」と約束したにもかかわらず、御主人が倒れた知らせを受け、病院に駆け付けた時には、全ての処置を済まされていた奥さんにも、何度も医師から夫の人工透析を導入するのかしないのか判断を求められて、最終的に導入しないことに決めた妻にも、臨床心理士は関わりました。

もちろんたくさんの迷いも、葛藤も、怖さもありましたが、以前のように、現状を目の当たりにしてすぐに、「私には何もできない」とは思わなくなっていたということです。

そして、震災支援のところにも書きましたが、できるとかできないとかを初めに考えるのではなく、まずはどんな形ででも関わることでした。

◉一緒にいて、話があれば聴く

第一に私がしていたことは、その場にいることでした。

救命救急センターという機能上、あまり長い時間御家族が面会をするというわけにはいきませんでした。面会開始時間よりも前にいらして、外のベンチでお待ちになり、看護師さんから声がかかると、すぐになかに入り、目一杯時間を取って大切な人との時を過ごす方もいれば、当然だと思いますが、目の当たりにした状況に向き合いきれずに、せっかく面会に来たのに、すぐに外に出てしまう方もいらっしゃいました。

多くの患者さんは意識がなかったり、意識障害を生じていたり、お薬で少し意識が曖昧な状態になっていたため、コミュニケーションが明瞭にとれる方は限られていました。それでも面会にいらした御家族はできることがあまりないとわかっていても、そこに来ますし、そこにいるのです。

私も時々、その御家族の時間にお邪魔しました。「こんにちは」と挨拶をしたのちは、あまりこちらからは話しかけることはしませんでした。センター内は常に人も物も流動的に動いています。いろいろな音もしています。ですので、少しの時間ですが、私だけでもそこに静かにいることにしました。そして頃合いをみて、「それでは失礼します」と声をかけて、ベッドを離れました。もしかしたら、私を邪魔だと感じる方もいらしたかもしれませんが、それでも時々、そうやってベッドを離れる際に、御家族から「ありがとうございました」と声をかけてもらうことがありました。

そうして一緒にいると、ぽつりぽつりと御家族がお話をしてくれるようになりました。今の辛い気持ちや御親戚から言われた辛い言葉や、他の元気なお子さんを見た時のお気持ちや、患者さんとの昔の思い出や、今後の不安など、ぽつぽつですが、私にも聴かせてくれるようになりました。私は質問などはさまずに、お話が終わるまで聴いていました。よく見ると、そういうお話をしてくださる御家族の多くは、私の方を見て、私に話しかけているというよりも、違うところにあいまいな視線を移し、独り言のように、また自分に言い聞かせるように話していました。御家族はそのようにして、感情や記憶の整理をしていたのかもしれません。そういう意味では、それらを口に出す、言葉にする口実として、私がそこにいることには何がしかの意義があったのではないかと考えています。

◉もの忘れ外来

週一回のもの忘れ外来では、私は神経心理学的検査（集中力や記憶力などの検査）と専門相談を担当させていただきました。

もの忘れ外来は、自分や家族のもの忘れが心配になり、今の状態が認知症なのかどうかの診断と治療を受けたり、今後本人はどのようなことに気をつけて生活していくと良いのか、家族にはどんな心がけがあると良いのか、どんな社会資源があって、どうやればそれを利用できるのか、などの情報提供を受けたりできる場所です。

私がお世話になった病院のもの忘れ外来では、担当医師は脳神経外科が専門の先生でした。その先生との診察の前に認知症看護認定看護師さんが予診を丁寧にとっていました。診察後に血液検査、ＭＲＩやＣＴ、場合によってはＳＰＥＣＴ《スペクト》という脳の血流検査を行ないました。それから私が担当した神経心理学的検査を行ないました。私のところに辿り着くまでに、患者さんも御家族もくたびれていることが多かったです。

◉先生に会いにくる人々

こちらのもの忘れ外来の先生も、立ち上がって、患者さんと御家族を迎え入れる方でした。受診への労《ねぎら》いもあるのですが、先生曰く、歩き方やバランスなどさまざまな点を、そのわずかな時間で観察していたとのことでした。まさに寸暇を惜しんで患者さんを診ていたわけです。

この先生の話し方は穏やかで、説明も丁寧でした。相手が理解できていないような時は、再度また別の表現を使って説明されていました。そのような先生なので、患者さんも御家族も先生のことが大好きなのです。「先生の顔見に来たんだよ〜」などとおっしゃる方がたくさんいました。そしてまた先生も、診察の最後には、「今日は○○さんの顔が見られて良かったよ、また会いに来てね」など言って、握手するのです。これなら先生のことを好きにもなるし、また会いに病院に行きたくもなります。

残念ながら現段階では、認知症をすっかり治癒させることはできませんが、この先生は患者さんや御家族に癒やしを与えていたと思いました。

おそらく認知症を専門的に診てらっしゃる先生方の中には、このような関わりを大切にされている方が多いのではないでしょうか。そんな先生が担当になっている患者さんや御家族は、本当に幸せだなと私は思います。

◉心理検査は御本人のため

ここでは私が検査場面で大切にしていたことをお伝えしたいと思います。

私は神経心理学的検査の際、患者さん御本人の許可が得られた時は、必ず御家族も一緒に検査室に入っていただきました。検査室はずいぶん広かったので、御本人と私のやり取りを後ろの方から見ていてもらいました。もちろん検査の内容を他言したり、メモして行って、家で練習したりしないようにお願いしていました。

御家族のなかには、検査中全く検査の方を見ずに、スマートフォンで時間を潰している方もいましたが、そういう方は稀でした。

検査後に御家族とお話しする際のポイントは二つです。御本人ができていた場面を振り返ること、それからコミュニケーションの取り方です。

◉やっぱりまだできるんだ

もの忘れ外来に親御さんや伴侶の方を連れていらっしゃる御家族は、総じて優しい方々です。そうでなければ連れて来ません。いくら「介護している自分が大変だから」と言っていても、日々の御苦労をたくさんお話ししていても、やはり御本人のことが大切なのです。

その証拠にとは言えないかもしれませんが、散々御本人のできなくなったことや日々の失敗、これまでの関係の問題点などを言いたい放題言っている御家族であっても、だいたいどこかで、御本人の《まだできている》、そして《かつてはこんなにできていた》点について言及します。

できていることが多いことはわかっていても、どうしてもこれまで通りにいかなくなったところに目が行ってしまうので、そこについて言わないと気が済まないのでしょう。口にしないと不安なのかもしれません。

それだけ御家族は心理的な葛藤を抱えている方が多いのだと思います。第2部でもお話ししますが、御家族は御本人のできなくなった部分ばかりを声高に言いたいのではなく、「まだ、こんなにできるんです」「ここまではちゃんとやれるんです」などとも言いたいのだと思います。

だからこそ、検査場面で御家族に御本人ができているところをしっかり見てもらい、「やっぱりまだできるんだ」と思ってもらいたいのです。

御家族に検査後に感想を聞いてみると、「やっぱり、ああいう覚えておくのはできないですね」など、あまりポジティブな発言を御自分からされることは多くありません。しかし、私の方から「そういえば、こうやって文字を書くのはできていましたね」などと水を向けると、「そうなんです、まだ年賀状にも毎年一言くらいは書いてもらってるんですけどね～」など、できていることの話をしてもらえることが多くありました。御家族の多くは御本人がまだたくさんできることも見ていますし、知っています。そのような御家族の話を横で聞いていて穏やかな表情をされている御本人の様子をよく見たものです。

◉これって難聴？　家族間コミュニケーションの橋渡し

もう一つのポイントのコミュニケーションの取り方ですが、特に奏功することが多いのが難聴の方です。「あ、母は、耳が悪いので、大きな声でお願いします」など、検査の前に御家族から教えてもらうことがよくありました。本当に耳が遠くて実際に音が届いていない方は、御本人が話す声も自然と大きくなることが多いのですが、難聴だと言われて私に向き合う方の多くは声の大きさは普通なのです。このような患者さんは、せっかく作った補聴器も、嫌がって装着されないことが多いようでした。

このように難聴だと言われている患者さんの多くに、注意障害の背景があると、私は見ていました（なんだか専門家の発言らしくなってきました。〈笑〉）。注意の選択や持続がうまく機能していないために、必要な音情報をキャッチできず、結果として聞こえていない、難聴だ、という話になっているようでした。

もう少し説明しますと、日常生活にはいろいろな音や声が溢れています。私たちはそのなかから自分に必要な情報を自然に選んで聞き分けています。たとえば、回転寿司屋で順番待ちで並んでいる時に、周囲はザワザワと賑やかですが、「二名でお待ちのあざみさん！」と呼ばれると、すぐに気付けます。このような患者さんにも私たちと同じように、音も声も届いているのだと思いますが、すべての情報が一様に聞こえてしまっていて、どれが自分にとって必要な情報なのかの選択が上手くいかず、正確に認知できないので、結局聞こえなかったという現象になっているのだと考えていたのです。

というのも、彼らは検査の中盤から終盤にかけて、注意の持続、つまり集中が高まってくると、私が普通の音量で、あまり意識的に配慮をしなくても、きちんと聞こえていたからです。

検査終了後のまだ集中が高まっている時に、「○○さん、今から話しかけますから、しっかり聞いていてくださいね」と言って二、三メートル離れた所から、普通の音量で話しかけると、きちんと聞こえるのです。これを見た御家族は驚きます。

しかし、私から「御覧の通り、しっかり注意を引きつけてからお話しすると、お母さんは聞こえるようですね。お家でもそういうことがあるんじゃないですか」と聞いてみると、御家族は、「たしかに」「そういえば」と、御自分でもそのような対応ができていた、そんな場面があったことに気づいてもらえることが何度もありました。

これもまた、第2部でお話ししますが、御家族のなかには、専門家からアドバイスされると、「私がちゃんとできていないから、こう言われたんだ」と受け取ってしまう方もいらっしゃいます。ですから、一方的に「こうしてみてください」と言うのではなく、御家族自らが「確かにそうだ」「私もそういうことはやれていた」と気づけるような文脈を作っていくことが大切であり、それこそが心理職の得意とするところではないでしょうか。

家族間でコミュニケーションがうまく取れなくなることは、御本人にとっても、御家族にとっても大きなストレスになります。そこにこのような一石の投じ方もあるということです。

このようにして、東北での一年が過ぎました。すべての環境が変わり、かつ毎日午前六時半の電車に乗る生活は、さすがに私を疲れさせました。

いろいろ考えた末に、この研究機関を辞めて、もう少し近くで仕事を探すことにしました。そこで出会ったのが、S市の地域包括支援センターだったのです。

ここまで、私の履歴書と称して、仕事遍歴の概要を御覧に入れました。少し長すぎた感はありますが、ここでお示しした内容は、すべて地域での私の活動に活かされているものなので、あえて書かせていただきました。

次章からは、地域包括支援センターでの仕事内容についての紹介が始まります。ここまで読み進めていただいた内容と重複している部分もありますが、私がとても大切なことだと考えていることですので、うんざりせずにどうかご一読ください。

SHAKE
HANDS

第2部
地域での仕事

地域包括支援センターでは臨床心理士をはじめとする心理職を設置することが必須とされていないので、地域包括支援センターで仕事をしている臨床心理士は全国でもまれだと思います。

この本を手に取ってくださった方の多くも、臨床心理士が地域で仕事をするって、何をしていたんだろう、とお思いになることでしょう。

第２部では私が地域包括支援センターで行なっていた主な仕事の概要を述べています。話があちこちに飛んだり、同じような内容が何度も繰り返されたりしていますが、「まあ、こういうものか」と地域で働くことの雰囲気を感じていただければ幸いです。

第2章 話を聴く

1　認知症に関連した相談対応

まず、地域包括支援センターでどのように相談対応が始まるのかについて御説明したいと思います。極端ではないにしろ、他のセンターとの方法に少々違いがあるかもしれません。あくまで当センターの方法だということをお断りしておきます。

地域包括支援センターの性質上、実にさまざまな相談が寄せられます。ここでは認知症に関連した相談対応に限ってお話しします。

◉相談対応の開始——電話がくる

相談対応の多くは相談者からの電話で始まります。そこで、まず相談内容について概要をお聞きします。そのあと、改めてお互いに顔を見ながらお話をしましょうということで、日時と相談の形式、つまり来所と訪問のどちらにするかを選んでもらいます。

なかにはお名前も言わずに電話だけで終わる方もいらっしゃいます。ひとしきりお話をされたら、「わかりました。また何かあったらお電話します」という具合です。こちらは一発勝負かもしれない緊張感があるわけです。

◉相談対応の開始――連絡なしでの来所

なかには、「すみません」と、事前の連絡なしで当センターに立ち寄られる方もいらっしゃいます。御家族だけのこともあれば、相談の対象となる御本人が一緒のこともあります。

その際、そこにいたスタッフが職種に関係なく対応します。介護保険の相談、健康面の相談、権利擁護や虐待関連の相談など、内容がはっきりしている場合は、ケアマネジャーさん、保健師さん、社会福祉士さんらが対応します。そして、認知症関連の相談であれば、他の職種の方と私が一緒に対応します。

認知症の症状への対応が知りたい、介護保険を使いたい、こんな情報が欲しいなど、相談内容を準備されて来所する方も多いのですが、なかには、とりあえず来てみた、あるいは病院に受診した際に医師やスタッフから勧められたので帰りに寄ってみた、という方もいらっしゃいます。

◉相談者はさまざま

当センターに認知症関連で相談を寄せる方はさまざまですが、もっとも多いのは、認知症を心配されている御本人やその御家族です。他にも御近所の方、民生委員さん、ケアマネジャーさん、行政区長さん、自治会長さん、市議会議員さん、行政の保健師さんなど、広範にわたります。つまり、直接的な相談と間接的な相談があるのです。

◉初回の相談を受けた後

どのパターンで相談をいただいたにしろ、どのような相談を受けたのかを一度スタッフ全員で共有します。

以前にもこのような形で相談が寄せられた方なのか、それはどのような相談だったのか、その時の対応はどうだったのか、などを振り返ることも含めて、得られた情報の整理、足りない情報の確認、次回以降の対応を誰がしていくかなどを検討し、必要に応じてさらに踏み込んだ対応になっていきます。

2　相談対応の実際

◉直接の相談対応

御本人や御家族から直接御相談いただいた場合は、約束したあと訪問したり来所していただいたりしてお話を聴くことになります。そのあと再び包括スタッフで協議し、今後の支援の方向性を検討します。ただ、「ちょっと近所に心配な人がいるんです」のような間接的な相談対応になると、少々様相が変わってきます。

◉間接的な相談対応

相談の対象になる御本人やその御家族からの相談でない場合は、原則としてそのお宅を訪問をすることになります。

しかし、このように間接的に御相談をいただいた家庭に、「お宅のことが心配で」と訪問するわけにはいかないのです。突然訪問される方にとっては、そんな心配は余計なお世話かもしれませんし、「近所からそのように見られていたのか」など、地域への不信感を生じさせてしまうかもしれません。

間接的な相談における訪問の際、多くは、「地域の六十五歳以上の方を訪問して、生活の御様子など聞いて回っています」などの理由をお伝えして訪問していました。

◉相手からの対応はさまざま

それに対して、「ああ、そうですか、どうぞ」と、家の中に上げてお茶まで出してくださる方、話はしてくれるが玄関から先は入れてくれない方、「そういうのはいいから！」とはじめから相手にしてくれない方、カーテンを開けて窓越しに顔を見せて、こちらに向かってシッシッと手を振って家の中に戻ってしまう方など、相手の対応はさまざまです。

こちらが多くを聞かなくても、「どうですか」と水を向けると、御自分や御家族のこと、困っていることなどについてたくさんお話ししてくださる方もいます。はたまた話してはくれるけれど、他愛のないことに終始して話を深めようとしない方、自分から先に「困っていることはないし、今は大丈夫」と予防線を張るように主張される方、「おたくはどこの人？　何しに来たの？　他の家にも行ってるの？　それを聞いてどうするの？」など、疑いの目たっぷりの方、こちらが質問したことにだけ、「はい」「いいえ」などと応じて、いかにも迷惑そうにされる方など、こちらもさまざまです。

ほんの少しであれ、どんな内容であれ、お話をしてくださる方は突破口が開いているのでまだ良いのです。先に挙げたように、困難だったのは本当にはじめから取りつく島もなく、断固拒否！、という方でした。

◉はじめは拒否という方でも

私たちも近隣の方などから、「困っています」「心配なんです」という相談を受けて訪問しています。拒否されたからといって、「はい、そうですか」と簡単に帰るわけにもいきません。

これには当センターで働きはじめた頃の私はほとほと困っていました。けれど社会福祉士のKさんやHさんなどは、御本人やお家のちょっとした装飾品や庭の畑、犬小屋、写真や立派な大黒柱などを見つけては、

「あれ、ワンちゃん飼っているんですか」や「チューリップの芽が出てきていますね」「この柱は立派ですね。だいぶこだわられたんじゃないですか」など、何とかそこから突破口を開こうと工夫していきます。それでも相手にしてくれずに家の中に入って扉を閉めてしまう方もいましたが、「そうなんだよ、今年は少し芽が出るのが遅くてね。俺ももっと早く芽が出れば良かったんだけど」などと、ふっと態度が軟化して話に入れることもありました。どちらかというと相手からの働きかけを待つことが多い心理職の立場からすると、「すごい！」といつも感心させられていました。

結局相手にしてもらえず仕方なく帰ることもあれば、「またお顔を見に来ても良いですか」とたずねても、「もういいから！」とすげなく断られることもあるのですが、少し時間をおいて訪問を重ねるうちに、渋々でも少しずつお話をしてくださる方も出てきます。簡単にあきらめない、そして、とにかく接触頻度を増やす、これは大切なことです。

私たち心理職の立場から言えば、《拒否》はすでに《対話の始まり》です。ここまで強い態度での《拒否》がみられると、《対話》のし甲斐があるというわけです。

おそらく、この方たちのこれまでの生活のなかに、他人や社会を拒まなければならなくなった何らかの経験があったのではないかと考えるわけです。そのことについて、彼らが私たちに語ってくれることはないかもしれませんが、ひとまず私はこのような方たちが《拒否し続けることができている》というスタンスでお付き合いしていました。

3　相談対応で大切にしていたこと

ここでお話しすることは、現在地域で活躍中の専門職の皆さんがすでに意識されていることが多いかもしれません。そこに心理職としての視点も織り交ぜながらお話ししたいと思います。

◉早めのフィードバック

間接的に御相談をくださった方には、必ず、しかもできるだけ早くフィードバックすることがきわめて大切です。ここでいうフィードバックとは、「あなたからの御相談は現在、このように対応中です」という報告のことです。

多忙さゆえに実際の訪問対応が遅れてしまうことは仕方がありません。おそらくそれは相談をくださった地域の方々も承知されていることでしょう。大切なのは、それでもとにかくフィードバックを早く、こまめにすることです。

まずは、「訪問に行くのは来週になってしまうのですが、このようにスタッフで方針を立てました。訪問後にまた御連絡します」など、方針を立てた段階での一報でも良いのです。

自分が相談したことが受け入れられたという安心感を持ってもらうことが重要です。相談をしたきり連絡がないと、相談をくださった方は、「あの話はその後どうなったのだろう」と不安になるかもしれません。地域の方のことを心配してくださったり、不安に思って相談をくださった方をさらに不安にすることはできません。そして、自分を不安にさせる存在に対しては否定的な感情が生じやすいものです。せっかく当センターを頼りに相談をしてくださったのに、「包括は何もしてくれない」という認識にさせてしまうのは、絶対に避けたいことです。

また、この間接的な相談者が民生委員さんなどの地区の役についている方で、彼らが御近所から相談を受けて当センターに来所されたり、電話をくださったりするケースも多くあります。民生委員さんたちも、相談してくださった御近所にどうなったかを返さないといけないのに、こちらからのフィードバックがいつまでもないと、やきもきしてしまうでしょう。彼らも地域で責任を持ち、地域住民から信頼を受けているのです。私たちがその立場を大切にすることも重要です。

フィードバックがないことで、自分の存在が軽んじられていると感じる方もいらっしゃいます。そんなことを重ねていると、そのうちに、「何も返してもらえないなら相談しても仕方がない」と地域との連携が途切れてしまうことになりかねません。

「打てば響く」という対応は、相談者の自己効力感にもつながります。そして自分の自己効力感を高めてくれる人に対しては、信頼感も高まります。そのように、地域住民の皆さんとのつながりを強くしていく努力は惜しんではいけないと考えています。

◉御家族の在り方を《認める》

認知症を抱える方とその御家族に関する間接的な相談は多くあります。しかし、近所から心配されてはいても、彼らなりに日々の生活を保っています。生活がひとまず成り立っているのであれば、基本的にそれ以上手や口を出すことは余計なお世話だと私は考えています。

御家族の話を聴いて、そのなかで彼らの介護の在り方に対して至らないところに目を向け、そこを「なんとかしないと」と問題視することは、何かと似ています。そうです、御家族が御本人の認知症の症状やできなくなったことに目を向けて、そこを「なんとかしないと」と考えることと同じです。他者の行動を問題視してそれを変えていこうとするのは、心理職のスタンスとはまったく対立するものです。

ある男性介護者さんから教えていただいたのですが、「あざみさんね、介護者ってのは、少なからず自分の介護に後ろめたさみたいなものを感じているものなんですよ」ということです。地域の支援者の皆さんもそのような御家族に会われたことは多いのではないでしょうか。

「もっと優しく声をかけてあげた方が良い」「〈違う〉とか〈だめでしょ〉とか言わない方が良い」「本当は自分でシャツを着られるまで待ってあげた方が良い」など、介護の本に書いてあるようなことは多くの御家族はもう知っています。そして、わかっているのにそれができないために苦悩していらっしゃるのです。

認知症の状態であっても、御本人は、自分がなにかしら上手くいっていないことは認識されていることが多いのです。同じように、御家族も御自分の介護について、なにかしら上手くいっていないという認識をお持ちです。至らなさの自覚があることについて他人から指摘されることは不愉快極まりないことです。親切心からちょっとしたアドバイスを私たちがすることで、御家族は、「あぁ、私がちゃんとできていないから、この人はこう言うんだろうな」と解釈し、傷付けることになりかねないのです。

ですから、私が御家族の介護の在り方について何かコメントすることは基本的にはありませんでした。私たち心理職がすることは、御家族の今とこれまでにOKを出すことです。

それは、言葉にしなくても、否定も訂正もアドバイスもせず、黙って御家族の話を聴いているだけで伝わると思います。

「何か良いことを言ってあげないと」などと無理をすれば、出てくる言葉はどこか嘘っぽく、表層的で、こちらの思いは伝わらないでしょう。ただ、意識もせず出てきた言葉であれば、私もそのまま伝えることはあります。

また、御家族から「これでいいんでしょうか」や「他にも私みたいな人はいますか」などの発言があった際には、積極的に、はっきりと、「それで良いと思います」「他にもいらっしゃいます」と応じるようにしていました。もちろんそれで御家族の悩みがなくなることはありませんし、この先も同様の苦悩を繰り返すのかもしれませんが、一人でもはっきりと自分を認めてくれる人がいることは誰にとっても心の支えになるのではないかと信じているからです。

◉自分の思考や感情に自覚的でいる

心理職の専門性で大きなアドバンテージだと考えていることは、自分の思考や感情に自覚的で、それを統制する訓練を受けており、それを日々意識しながら人々に向き合っていることです。

つまり、大きく感情を揺さぶられることなく、相談者の話を聴き続けることができるということです。

訪問して相談を受ける場面は、カウンセリング室や心理検査場面のような非日常で守られた空間ではなく、何も支援者を守るものがない相談者の日常生活の場です。治療契約もなく、時間の制約もなく、相手の相談意図も不明瞭なこともあるなか、相談者はさまざまな思いや感情をぶつけてきます。そこには私たちを守る枠組みはありませんので、ぶつけられた支援者の感情は容易に揺れてしまいます。

負の感情をぶつけられることで、あたかも自分が責められているように感じてしまい、それに反応して相談者に負の感情を向けてしまったり、現状を変えてあげなければと強く構えてしまったりして、知らぬ間に相談者の発言を否定したり、必要以上のアドバイスをしていたり、あまり意識せずにこちらの思うようにしたいという方向に気持ちが働いてしまったりすることがあるかもしれません。

さらに悪いことに、支援者の思うようにいかないと、「あの娘さんはわかってないんですよね」など相談者を責めるようになってしまうリスクもあります。

このような状況は、必ずしも支援者が自分勝手だったり、独りよがりだったり、精神的に弱かったり、経験が未熟だったり、などが原因で起こるとは考えていません。

なぜなら、私たちは専門職である前に、相談者と同じ人間です。気持ちをぶつけられれば気持ちが揺れるのは当然です。なんの反応も起きないのであれば、それは機械でしょう。ですから、気持ちが揺れることは仕方がないですし、こちらが相談者に負の感情を抱くこともありえるでしょう。

このような時に私たち心理職の強みが重要になるわけです。私たちは自分の気持ちが揺さぶられることを知っていますし、揺さぶられている自分の気持ちにも意識を向けることができます。「あぁ、また私はこの娘さんの発言に不愉快さを感じているな、いつものパターンだな」「おっと、このお嫁さんに義母さんへの声かけの仕方でアドバイスしたくなっているぞ」「こんなに頼りにしてくれている奥さんに何か良いことを言ってあげたくなっているぞ」などです。

この本では〈黙って聴く〉ことの大切さがしつこく出てきます。大切ですが、誰でも容易にできることではありません。黙って聴くことが可能なのも、自分の思考や感情に自覚的でいられるからなのです。

長く丁寧に地域で相談対応を継続していく際に、この心理職の強みは大きく貢献できるのではないかと考えています。

◉良かれと思ったことは考え直す

支援をする側の私たちは専門的な知識を持っていますし、これまでの経験もあるので、自分たちの考えが間違っているとはあまり考えないでしょう。対応の選択肢も次々に頭に浮かんでくると思います。それゆえに、つい「こうしてみたらいかがですか」「こんな所に一緒に相談に行ってみませんか」など、良かれと思って言いたくなるものです。

しかし、この「良かれと思って」というのは本当にたちの良いものではありません。する側はそれが良いこと、必要なことだと思っていても、してもらう方は余計なお世話だと思っているかもしれないからです。

そして、してもらう側は先ほども言いましたが、自分が上手くできていない、相談してしまったなどの負い目から支援者からの言葉は聞かなければいけないだろうと思ってしまいます。本意ではないけれど、そう言われたから一度はそうせざるを得なくなり、結局上手くいかずに長続きしない、一つ失敗体験をさせてしまう、余計に疲れさせてしまうということも往々にしてあるのです。

良かれと思った時は「良いことを思いついた！」とこちらの気分も高まっている場合がありますので、やはり自分の思考や感情の動きには注意を払っておかなければならないでしょう。

●話は〈引き出さない〉

よく耳にするのが〈話を引き出す〉という言葉です。私はこの言葉が好きではありません。これは相手をあたかも操作しているように聞こえるからです。あくまで私は聴いているのです。機が熟せば自ずと必要なことは御本人や御家族から話されます。

こちらが知りたいという欲求を見せると、それを感じた相談者はいよいよこちらが知りたいことについて話さなくなるでしょう。仮に、こちらが突っ込んだ質問をして回答を得られたとします。「うまく引き出せた」とその時は思うかもしれませんが、それが御本人たちのタイミングでなかったのであれば、相手は「言わされた」「勝手に心のなかに踏み込まれた」という認識を持ち、今後はあまり話してくれなくなるかもしれません。

ですから、大切なのは相手との関係を丁寧に築いていくことと、彼らのタイミングまで待つことです。

●良い関係は「この娘さんは良い娘さん！」から

「誰が何と言おうと、この娘さんは、親思いの良い《いい》娘さん」と私が思うことが、相談者との良好な関係の出発点だと考えています。

相談のなかで、娘さんがどんなにお母さんの悪口を言っても、しばしば大きな声をあげてしまっていても、虐待まがいのことをしてしまっていたとしても、私はその娘さんを〈良い娘さん〉だと思うのです。

ここで何が良くて何が悪いのかという議論はしませんが、とにかく私のなかで相談にいらした方は皆さんが〈良い人〉なのです。御自分の身内や御近所の方について心配されていますし、見捨てずに何とかここまで生活されてきましたし、今日ここに来てくれました、などと理由を考える必要はありません。とにかくこの人は〈良い人〉なのです。

先ほども書きましたが、私は相談者やその対象になる方々にOKを出したいのです。今が、これまでが、どんな状況であったとしても、「あなたはOKですよ」、というサインを送りたいのです。この人は良い人だと思って話を聴いているほうが、OKな点が見えやすくなります。そして、こちらの感情や思考の統制も比較的容易になります。

いや中立的な立場で話を聴くべきだとお考えになる心理職の方は多いと思います。たしかにその考え方には賛同します。しかし、先ほども書きましたように、他人の家を訪問して、感情をぶつけられても平静を保っていくという心の作業はそれほど容易ではありません。私にもう少し臨床の力があれば、また話は違ってくるのでしょうが。

◉常識、価値観のすり合わせ

ここでは少し誤解を恐れずに書きます。

私と相談者やその対象になる方々は他人です。それは別の人間、別の人格というだけではなく、生きてきた時代が違えば、どのような家庭環境で育ってきたのか、どのような教育を受けてきたのか、どのような人々と関わり合ってきたのかなど、本当にさまざまな点で異なっています。ゆえに、言わずもがなですが、私と彼らでは常識や価値観というものが異なっており、信じられない、受け入れ難いということも往々にしてあります。

彼らの生活を支えていくことを考えるのであれば、基礎になるのは彼らの常識や価値観です。私のそれらはそこではほとんど意味を持ちません。それらを持ち出して議論を始めた時点で、私は自分の常識や価値観の方が正しいとか、優れているとか考えていることになるでしょう。そしてそれは私が感情的になってしまっている証拠です。

常識や価値観に良いや悪いはありません。「この人はそう考えている」、そういうことです。それらは彼らが話すなかにたくさん散りばめられています。それらをじっくり聴きとっていくわけです。

◉意思決定

右記の常識や価値観の部分とも重なるのですが、この意思決定というものも、やはり支援者側の常識や価値観が混入しやすい部分です。繰り返します、支えようとしている御本人や御家族の価値観や常識が支援の基礎になるべきだ、と私は考えています。

ですから、意思決定において、早さや合理性はあまり重要ではないと考えています。これまでの人生史において、その方がなかなか決められない人だったのであれば、その決められなさがその人らしさなわけです。それを考慮せず、支援者側の是非で対応を進めていき、ひとまず話がまとまったということは、私にとってはどうも腑に落ちません。たとえそれが上手くいったとしてもです。

皆さんも学校の授業などで経験があるかもしれません。自分が回答しなければならないとなると急に緊張して頭の回転が鈍るのに、他人が答える場面ではすいすい答えが出てくるという場面です。

何かを選択しないといけない、これをするのかどうかを決めなければいけない、という緊張を強いられる場面では、多くの人は決めることが難しいでしょう。しかも、その選択や決定が今後の生活を左右するかもしれないのであれば尚更です。

選択肢が一つのみで、それをするかしないかという決定も苦しいですし、いくつかの選択肢のなかから適切と思うものを選ぶことも苦しいでしょう。

ですから、私たち心理職ができることの一つは、御本人や御家族がその問題を直視せずに、リラックスしても良い時間を作ることだと考えています。先ほどの授業の話でもそうでしたが、リラックスしていると、ふいに、「じゃあ、こうしてみようかな」と何気なく答えが出るかもしれません。いつまでもずっと決められないまま局面が変わって行ってしまうこともあるでしょう。それもまた是だと考えています。

4 地域で話を聴くことの醍醐味

◉とことん聴ける

心理職が地域でさまざまな人たちから相談を受け、話を聴く醍醐味の一つは〈とことん聴ける〉という点です。こちらがとことん聴けるということは、話したい方はとことん話せるということです。

心理職は現在、地域のどの機関においても設置する義務が課せられていません。公認心理師が誕生したことで今後状況が変わってくるかもしれませんが、少なくとも現在はそのような状況です。

それゆえ、良くも悪くも業務の枠組みが決められておらず、「この方の話を聴こう」と思ったら、とことん時間をとってその方の話を聴けます。地域ではカウンセリングのように定期的にお話しするわけではないので、一回で〈相手の気が済むまで聴ける〉ということは大切なことでもあります。

《皆さんが話し足りていない》

地域の専門職の皆さんは、多くの地域住民の方が話し足りていない、ということを知っています。

相談を受けて当センターのスタッフと訪問すると、堰を切ったように話し始め、時間を忘れたように話し続ける御家族は少なくありません。

ケアマネジャーも月一回の訪問で御家族から止めどない話をされて音を上げる方もいらっしゃるようです。話を聴いてあげたい気持ちはやまやまですが、他の業務や多くの訪問等があるために、なかなか十分な時間を取って話を聴くことは難しいのです。また聴くという専門的なトレーニングを受けてきていない方も多いので、聴くのは良いがどう聴いたら良いのか、その時どう応じたら良いのか困ってしまうこともあるようです。

一方、御家族としては、支援する立場の人が忙しいことはわかってはいるけれど、それでもちゃんと話を聴いて欲しいわけです。それなのにあの人はほとんど聴いてくれない、どうせうちのことなんか……、あのケアマネジャーは不親切だ、などとなってしまうこともあるのです。

「話をしたい」と「聴いてあげたい」の需要と供給のバランスが大きく崩れているのです。

これまで御相談いただいた御家族の多くは、言いたいことを言いたいだけ言えることで、いったんは落ち着きを取り戻せるようでした。〈とことん話せる〉ということは、私たちが考えるよりはるかに彼らのメンタルヘルスの改善と維持にとって重要であり、同時に私たちが考えるよりはるかに地域ではそれを満たす人的環境が不足した事実があったのです。

◉相手の城に乗り込んでいける

地域で話を聴く醍醐味の二つ目は、〈相手の城で聴ける〉という点です。城とはつまり、御本人や相談者の御自宅のことです。

地域において御自宅を訪問して話を聴けるということは、普段の御本人や御家族の様子、その関係を生のままに見ることができることになります。もちろん、第三者の私たちがいることで、普段通りにできない部分はあるでしょうが、それでも病院など、彼らにとってよそ行きの顔になる場所に比べれば、普段のそれに近い状況に触れることができると思います。

普段の状況や関係を観察せずに、相談してきた方の話だけを聴いていると、どうしても偏りが出て問題の本質がよくわからなくなってしまうことがあります。

虎穴に入らずんば虎子を得ずではありませんが、この方々が本質的に何に困っているのか、私たちとしては何を支えることが必要なのかを明らかにするためには、相手の城に乗り込んで、彼らのありのままに近い姿を見せていただくことが必要なのです。これは地域で働く支援者の醍醐味であり、御本人や御家族の支援を検討する際に重要な要素だと思います。

《心のハードルは相談の時点で少し下げられている》

多くの御家族にとって、「もしかしたら、うちの人が認知症かもしれない」「認知症がいよいよひどくなって、もうどうにもできなくなった」などを他人に話すことは簡単ではありません。つまり相談という行為に対する心のハードルはとても高いのです。

それが認知症の専門外来を受診するとなると、さらにハードルが上がります。加えて、昔から精神科というものに大きな偏見がある地域もあるため、「あの病院にかかったらもう人生おしまい」という認識を持っていらっしゃり、「絶対に病院には行かない！」となってしまうことも多いようです。地域性の把握が大切なのはこういう場面でも実感します。

ところが、御本人や御家族以外からの間接的な相談を受けて私たちが訪問した場合、その時点でそのハードルは自然にというか、半強制的にというか、少し下がります。相談する人が来てしまったんだから仕方がない、ということです。もちろん、家に入ることやお話しすることを拒否される方もいらっしゃいますが、多くの場合、私たちを受け入れてくださり、ぽつりぽつりとでもお話ししてくださいます。

ただ、そこで彼らの言いたいことを言いたいだけ言ってもらう時間を何度重ねても、一向に話が先に進まない、すなわち受診に繋がらない、介護保険の申請や介護サービスの導入、地域活動などに繋がらないことも少なくありません。

もちろん、私の力不足は否めませんが、そこから他に繋がらないことを一概に悪いこととは思いません。なぜならこの時点で、彼らは私と当センターとの繋がりができてきているからです。

ずっと自分たちで溜め込んでいたことをようやくぶちまけることができた方が、すぐには次にいけません。相談に至るまでさんざん悩んできたのですから、これから次の一手に移るにもさんざん悩むでしょう。そうやってこれまでも生きてこられたのでしょうし、今もそのスタイルで生きてらっしゃるのです。それに対して私がどうこう言ういわれはありません。

ですから、ただ黙って彼らの話を聴き続け、来るか来ないかわからない変化のタイミングを待つのです。そうこうしているうちに、御本人の状態が変わり、否応なく繋がるべきところに繋がらなければならない状況になるかもしれませんし、別の御家族や御友人などの話を聞いて、突然行動を起こされるかもしれません。それはそれで良いと思います。

彼らは自らの意思にしろ、偶発的にしろ、自分の城に私たちを受け入れ、自分たちで一つ心のハードルを下げたのですから。

◉生活を見ることができる

地域で話が聞ける醍醐味の三つ目は〈生活を見ることができる〉という点です。

私が病院のもの忘れ外来にいた時は、御本人と御家族の話したことがそこで得られる情報のほぼ全てでした。最近はアウトリーチのチームを組んで、患者さんの生活環境を見に行くことを大切にしている医療機関が増えており、それはとても素晴らしい取り組みだと思います。

御本人と御家族の生活環境に入って行くと、さらにいろいろ見えてきます。『徒然草』の「神無月のころ」の一節に、「かくてもあられけるよ」という表現が出てきますが、まさに「あぁ、こういう状況でも人が生きてるんだなぁ」と思わせてもらえることが多々あります。

物理的な環境を確認した上で、御本人の症状や認知機能の状態が大まかでも把握できていると、生活上の簡単な助言ができたりします。たとえば、日時があいまいな方へのカレンダーの設置の仕方、何らかの視覚機能が低下している方の屋内動線の在り方、などについてです。

先ほどの部分とも重なりますが、相談の場面に御本人、御家族の双方がいると、大概そこで言い合いが始まります。申し訳ないと思いながらも、暴力などなければそれを止めずにしばらく観察します。「あぁ、こうしてこの家族は生活してるんだなぁ」と感慨深い時すらあります。言い合いをしたり、相手を悪く言ったりする方たちも、お互いを気遣う気持ちを持っているものです。一例を挙げると、口では、「まったく、いつ死ぬんだべ」と言う奥さんのところに、いつも夕方前に訪問していました。そのたびに、奥さんは「そろそろデイサービスから帰って来るから」と言いながらリンゴの皮を剥き始めるのです。

御本人や御家族がお互いにどんな気持ちで関わり合い、生活しているのか、生活してきたのかを見ていくと、彼らの在り方をきちんと尊重しなければいけないという気持ちになります。そうであればこそ、余計なアドバイスは自然とこちらからは言わなくなるのです。

◉揺れる家族が揺れていられるように

親子や夫婦同士の言い合いを聞いていると、どちらかが極端に偏ったことを言っていることは稀です。双方の話を聴いていると、どちらの言い分も良く分かります。

それにもかかわらず、話が建設的に進まず、言い争いが起き、関係が悪くなってしまうことすらあります。

なぜこうなってしまうのか、本質的な部分を理論で説明することは難しいのですが、一つ思いついたその理由は〈彼らが家族だから〉だと思います。

家族というのは理屈で成立していません。濃密な時間と感情で繋がっていると思うのです（立場によって遺伝子やらなにやらあるのでしょうが）。ですから、過度に感情的にもなるでしょうし、意地にもなるでしょうし、とことん嫌悪感を表わすこともあるでしょう。でも、それがその家族の姿であれば、それに対して良し悪しなどありません。そういうものなのです。

地域で話を聴く醍醐味の四つ目は、揺れている家族が、気が済むまで揺れていられるよう近くに居られることでしょうか。私のような心理職が関わったことで問題は解決するかもしれないし、しないかもしれません。第三者として介入して、物理的な問題解決の力になることは心理職の職域ではないかもしれません。少なくとも私はそう思います。

心理職はその家族に関わり続けるだけでも十分だと思っています。そのように揺れる家族の話を黙って聴いていること自体が、時々訪問してそこに居ること自体が、彼らの在り方にＯＫを出すことになります。それが、虐待や危険なこともなく彼らが今まで通り揺れ続けられるためのお手伝いになるのではないでしょうか。これも一つの〈その人らしさ〉を尊重することであり、〈自立支援〉の一端となるのではないでしょうか。

5　なぜ、認知症の介護家族を支えるのか

たとえば実母の介護でかなり疲れている娘さんがいるとしましょう。娘さんは気持ちに余裕がない時はお母さんに強く言ったり、手を上げたくなることもあります。

その娘さんが私と関わったことで、少し元気を取り戻せたとしましょう。そして、その取り戻したエネル

ギーのほとんどをお母さんの介護にではなく、御自分の趣味活動に注ぎ込んだとします。私はそれでも良いと思っています。関わらせてもらった人が元気になってくれるのは嬉しいことだからです。

自分のエネルギーをどこに向けるのかは、その人の意思によります。その娘さんが少し回復したエネルギーを介護に再投入するのも別のことに使うのも、御本人の意思によります。どちらにしても、娘さんが少し元気になってくれたことは嬉しいことです。

◉疲れているから支える

御家族を支えるのは、その向こうにいる認知症を抱えた御本人を間接的に支えるためだと考える方が多いかもしれません。私もそのスタンスは持っています。しかし、それはスタンスの一つであり、私からの勝手な希望です。

「お母さんの介護をしっかりやらないなら、あなたのケアはしませんよ」という専門職は皆無でしょう。私は介護が御家族の義務だとは思っていませんし、元気ならしっかり介護すべきなどとも思いません。不本意でいやいや介護をされている御家族もたくさんいらっしゃると思いますが、そういうものだと思います。そうでなくても、やはり人のお世話をするということは心身をとても消耗し、疲労もするでしょう。ですから、私は御家族を支えるのです。目の前に疲れている人がいる。だからその人を支えるのです。その人が話をしたがっているから聴くのです。

その私との関わりで、また介護の日常が何とか保てれば、それはそれで嬉しいことです。が、まず心理職にとって大切なのは、今、目の前に座っている人なのです。

◉介護者も当事者

最近は認知症を抱える当事者の声が多く発信されるようになりました。早期発見の意識が高まり、いつまでも自分らしさを大切に、という社会的な動きはとても好ましい潮流だと思います。この流れは社会の一般的な感覚になってほしいと思います。

しかし、ここで忘れてはならないことは、御家族も〈介護者〉という当事者だということです。御家族の御家族らしさをいつまでも大切に、という潮流も同時にあるべきだと考えるわけです。

「あの娘さんがもっと認知症の理解をしていれば、お母さんもまだ買い物くらいできるのにね」というのは少し違うと思います。なぜなら、このような発言は、娘さんにお母さんの介護と認知症の理解を暗に強要しており、娘さんが介護をされるなかでどのような心身の状態にあるのか、そこでの御苦労はどのようなものか、を考慮されていないからです。

さらに付け加えると、認知症を抱える当事者がその人らしく生活して行くためには、介護者という当事者が心身ともに健康に保たれていることが絶対に必要です。認知症を抱える当事者が自分らしくあるためには、彼らを支えている人々も同様に自分らしくいられることが不可欠でしょう。

御家族も一人の当事者です。疲れているのなら、支えます。

6　認知症を抱える方の御家族は何に苦慮しているのか

《苦慮するのは症状だけではない》

認知症の御家族から話を聴く機会を持つ専門職の方々は経験的に感じておられると思います。

「御家族は認知症の症状にだけ苦慮しているのではないようだ」

もちろん、認知機能低下のために、今日の予定を何度も確認されたり、同じことを何度も話されたりなどがあったり、幻覚や妄想、徘徊や易怒性、暴力などの症状にどう関わっていけばいいのか、どう対処すればいいのか、について困っていらっしゃる御家族は多いのです。

しかし、このように認知症の症状について困っていると相談される御家族に対して、「こう考えてみてはどうでしょう？」や「このように対応してみると上手くいく人もいるようです」などアドバイスをした際に、「そうですか、ではそのようにやってみます」や「なるほど、そう考えたら良いんですね」と応じる御家族は稀です。

このようなアドバイスを聞いてその通りにやってみて、その後も御自分の工夫でさらに上手くそれらのアドバイスを活かせる方もなかにはいらっしゃいます。しかし多くの御家族はそうはいきません。たとえその場では「そうですね、やってみようかな」と応じられても、それを実行に移せる方はやはり稀です。

このような御家族は、もちろん認知症の症状にも苦慮していると思われますが、それだけではない何かも抱えているんだろう、ということは支援にあたるみなさんもお考えになるはずです。

では、それは何なのでしょうか。

◉伴侶や親の変化を目の当たりにした動揺

私が認知症を抱えた御本人にお会いするのは、認知症を抱えられたあとからです。それ以前の御本人をほとんどの場合知りません。ですから、どれほどの状態であっても、あまり動揺せずに向き合うことができます。そしてもちろん彼らは私の家族ではありません。

しかし、相談にいらした御家族にとっては、御本人が何も問題なく生活されていた頃からずっと見てきており、たくさんの思い出を共有している肉親です。そのように大切な人が変化してしまっていることに対しての動揺は計り知れません。驚き、怒り、恐怖、不安など、さまざまな感情に揺さぶられ、それらとどう向き合って良いのかわからないのは当然です。今までずっと傍らで守ってくれていた、御家族にとっての安心にもつながっていた大きな存在であった人が変わってしまったという人的環境の変化なのです。

◉自分のペースで生活できないこと

自分のペースで日々を過ごすことができないことも大きな苦痛となります。

御家族から「今、こんなに辛いんです」というお話のなかには、以下のような内容の発言は少なくありません。

「お皿はここにしまってねってお願いしたのに、別のところに置いちゃうんです。結局、また私がやり直すんです」

「明日着る服は出しておいたから、そこから着てねって言ったのに、朝になるとタンスを開けて着もしない服をいろいろ引っ張り出してるんです。出かける前に毎日一苦労ですよ」

「○○時に病院に行くから準備しておいてくださいねってお願いしておいても、時間になると何も用意できてないんです」

「もう少し早く歩いてくれたら良いんですけど、もう本当にのろくなっちゃったから、信号もいくつも待たないといけないんですよ」

私の趣味を例えに出して恐縮ですが、マラソンも単に遅いペースで走るよりも、自分に合った自分のペースで走れる方が、疲労は少ないものです。話をする時も自分が気持ちよく自分のペースで話している時に、横槍を入れられて話をさえぎられると気分が良くないものです。同じ買い物をするにしても、ほかの人の買い物に付き合うのと、自分の気ままにお店を見て歩くのでは、帰ってからの疲れは違います。

御家族は、介護が生活に入ってくると、自分のペースで行動できることがとても少なくなります。いつも相手に合わせて生活しているのです。もちろん生活の全てが制限されるわけではないのですが、一度「制限されている」と認識してしまうと、往々にして一事が万事になり、生活全てが不自由に感じてしまうのです。ですから、それだけでも、御家族は心身ともに疲れが積み重なる状況に置かれています。人間は、自分のことは基本的に自分で裁量権を持ちたいものです。それが叶わなくなっているのです。

◉元々の親子関係のわだかまりの再燃

御家族からの御相談を受けると、お子さんが介護者になっている場合には、「母はもともとこういう性格だったんです。だから認知症とは思いません」「いいんですよ、散々好き勝手やって生きてきたんですから、あまり手をかけようとは思いません」などと話されることがあります。それまで物理的にも心理的にもほどほどに距離を取って暮らしていた親子が、親御さんが認知症の状態となったことで再度接近する必要が出たことから、以前からのわだかまりが再燃するケースは少なくありません。

このようなケースの場合、個別相談で訪問すると、親御さんの症状や介護の苦労のお話ではなく、親子関係がいかに悪かったか、自分がどれだけ親からひどい仕打ちを受けたか、愛情など微塵《みじん》もかけられなかったなどのお話を聴くことが多くなります。

そのように激しくお話しされても、「やっぱり自分の親ですから」と介護されている御家族の葛藤の激しさはいかばかりか計り知れないものがあります。

◉御本人から「ありがとう」がないこと

「私がこんなにしてあげているのに、あの人はありがとうの一つも言わないんです」という言葉も御家族からよく聴かれる言葉です。

元々の夫婦関係においても、あまりそのような感情の交流がなかったというTさんの奥さんは、毎回お話しするたびに、Tさんの介護がいかに大変で感情を逆なでされるかお話しされます。しかし、彼女はなにか認知症関係のイベントがあればTさんと出かけたり、一緒に散歩をしたりと、彼女なりにできることを探して熱心に介護生活を続けています。

そんな奥さんですが、少しずつ、Tさんが生活のなかでできることについて言及するようになってきました。「でも、こういうのはまだ一人でやるんですよね……」などです。

これは勝手な推測なのですが、奥さんは感謝してほしいのではなく、「この大切な人と感情の交流をしたい」「この大切な人から認めてほしい」という思いがあるのかもしれません。

私たち支援者がどれだけ奥さんを労っても、Tさんがデイサービスで活躍しても、奥さんの表情が変わらないのは、奥さんの抱えている思いがきわめて夫婦間に限られたものだからなのかもしれません。

◉もっと状態が改善するのではないかという期待とそうならない日々

一言で認知症といっても、まだ症状が軽く、日常生活のことは概ね御自分でできるくらいの状態の方は多くいらっしゃいます。何とか進行を遅らせようという試みはさまざまに行なわれていますが、現段階では認知症は少しずつでもやはり進んでしまいます。ですから、基本的には、今日の今この時が最も良い状態なのです。

御家族のなかには、それはわかっていても、「なんとか今よりも良くなるんじゃないか」と期待して努力されている方も多くいらっしゃいます。

「運動が良いって聞いたので、毎日歩かせるようにしているんです」「本屋さんに行くと脳トレの本がたくさんあるじゃないですか、それを買ってきてやらせているんです」「できるだけデイサービスを増やして、人中に入れるようにしているんですよ」など、努力の様相はさまざまです。

しかし、相談をいただいて訪問すると、お話しされることは、「悪くなっている気がするんです」ということが多いのです。実際に状態が悪くなっているのかどうかは別としても、御家族はそのように感じているのです。

認知症はいずれ進んでいくのはわかっている。でも努力したら、もしかしたら少しでも良くなるかもしれない。でもやっぱりできないことはできるようにならない。こんなに努力しているのに、本人にも頑張ってもらっているのに報われない。

これが積み重なって、御家族の無力感に繋がってしまうことは避けなければなりません。

ここに挙げたものは、御家族が苦慮するもののほんの一部でしょう。他にも自分だけで介護を抱え込んでしまっている方、味方だと思える人が周囲にいない方、経済的な問題を抱えている方やアルコール多飲など別の背景もある方などもいらっしゃいます。

私は認知症のことで御相談に来る御家族のなかで、純粋に認知症の症状の対応だけに苦慮している方は多くないと思っています。

もちろんそのような御相談でも、介護サービスなどの社会資源の投入により、穏やかな生活を取り戻せる方もいるでしょう。一方で、ここに挙げたようないろいろな形で気持ちが揺さぶられることでお疲れになっている御家族も相当数いらっしゃると思います。

このような御家族に対して心理職ができることは少なくないのではないでしょうか。

【事例1】〈知りたい〉という欲求の統制

この事例は心理臨床家としての在り方を改めて考えさせてもらったケースです。

八十代男性のHさんはもの忘れを抱えながらも、身の回りのことは概ね問題なく生活しています。奥さんも同様に御高齢ですが、まだ仕事をされており、Hさんを長く一人にしておけないと半日で帰って来ているとのことでした。

最初にHさんのことについて、「おかしいな」と奥さんが気づいたのは、畑仕事から戻ったHさんがとても食べきれないほどのじゃがいもをいっぺんに掘ってきたときのことです。夕飯の準備に入る時に台所に来て、「なんでこんなに掘ってきたんだ。食べきれねえべ！」と、掘ってきたのは自分なのにもかかわらず、奥さんに対して怒り出したことがあったのです。

徐々にHさんの元気のなくなりを感じるようになり、お風呂に入るのを嫌がり、心配になって病院を勧めましたが、それも嫌がって行かなかったそうです。病院の話を出したときは、「なんで俺がそんな所に行かないといけねんだ！」などと、大声で怒鳴り散らしたとのことでした。好きだった将棋の会にも足が遠のいてきたりしたので、奥さんがいろいろ口を出すと、「俺なんか死んだらいいんだろ！」などと声を荒らげることも出てきたとのことでした。

奥さんから電話で相談を受け、早速、保健師さんと訪問することになりました。

初回訪問では、同居の息子夫婦と近所に嫁いだ娘さんが来ており、父親の変化についていろいろと話してくれました（息子家族は震災後に同居を始めたそうです）。奥さんは同席していましたが、ほとんど話しませんでした。

二度目に訪問すると、奥さんから、「本人に病院を勧めるにはお互いの信頼関係が必要でしょうから、何度か通ってから受診の話をしてほしいんです」と要請されました。確かにその通りですね、と保健師さんとも同意しました。

〝確かにその通り〟なのですが、これは私にとっては珍しいケース、というよりも初めてのケースでした。相談をくださる御家族の多くは、すぐにでも御本人に病院を受診してほしい、と希望される方ばかりだったからです。ですから、私はこの奥さんの発言に「おやっ？」と思ったわけです。

Hさんは言いたい言葉がスムーズに出ない場面も多いのですが、簡単な日常会話は違和感なく、時折こちらの言葉を受けて冗談を言い、笑顔を見せてもくれます。Hさんは言葉が出ないと、奥さんに助けを求めるように視線を向けます。奥さんはそれに応じて言葉を探します。

会話をつないだ後に、奥さんがポロっと言うのです。「こう言うのが出なくなったんですよね……」と。語気を強めたり、Hさんを責めるような様子もなく、本当にポロっとこちらに向かって。ため息と苦笑いを伴い、何とも言えない表情でした。

こちらはいつものように、Hさんの話も奥さんの話も、黙って聴いているわけです。ひとしきり話がすむと、奥さんが「じゃあ、次はいつ頃こられますか」と私たちに聞いてきます。Hさんに受診を勧めてほしいとか、どこを受診したらいいかとか、受診するにはどんな手続きが必要か、などの質問は全くありません。ですから、私たちもカレンダーを見て、「では、またこの日に来ます」と伝えて家を辞するわけです。

毎回Hさんのペースで世間話をし、生活のなかで上手くいかないことを奥さんがポロっと話す、そんな訪問が数ヶ月にわたり続きました。時折奥さんからセンターに電話があり、その場で状況を聴いたり、臨時に訪問したりすることもありました。

その後しばらく訪問を重ねていると、奥さんから、「どこの病院がいいでしょうか」との話が出ました。何の前触れもなく、Hさんが大きく変化した様子もなかったのですが、そういう話になりました。そして、すんなりと受診につながりました。受診時もHさんは穏やかで、診察や検査など順調に済んだそうです。

〈受診を嫌がっていた、もの忘れのある方が、ようやく受診につながった〉と、字面にすればめでたしめでたしのケースです。でも、私にはどうも奥さんの気持ちが引っかかります。

奥さんがHさんの受診までに十分な時間をとった理由は、右記した通りだと思います。でも、本当にそれだけだったのだろうか、とも思うのです。

奥さんはいつも穏やかな雰囲気で、自分の気持ちについて話すことはほとんどありませんでした。推測や想像はいろいろできますが、奥さん自身が御自分で語れるのにあえて語らないのであれば、それを勝手に勘ぐるのは失礼であり、回答があるとすれば、それは彼女の語りのなかに表われるだろうと思い、話を聴くことに集中していました。

数ヶ月の訪問による面接のなかで、私には奥さんの抱えていたかもしれない葛藤に触れることはできませんでした。果たしてそのような《もの》はなかったのかもしれません。勝手な勘ぐりであったのかもしれませんし、あったとしても、そこに触れることが必ずしも善いことであるとは限らないでしょう。

今振り返ると、私自身のなかに生まれたこのモヤモヤを処理したい、自分が納得いくように知りたいという欲求に基づいて、奥さんにいろいろ質問を重ねなかったことに関しては、自分に、「よくやった（やらなかった？）」とだけは言えると思います。

私は心理臨床家としてのアンテナに何かを感じました。まだ力が足りないので欲張りませんが、この〈何かを感じた〉という感覚はこれからも大事にしていきたいと思っています。

7 御家族はいつ精神的に楽になるのか

「認知症サポーター養成講座や各地で行なわれている研修会や講座などを受けて勉強を重ねたり、認知症カフェでたくさん他の御家族のお話を聴けたり、家族会で言いたいだけ言えたりすることで、徐々に折り合いが付けられるようになり、認知症の受容ができるようになる」

一般にこのようなことが言われていますが、これは事実なのでしょうか。

私は、このような認知症の受容が御家族に生まれることで、御家族が精神的に楽になれることはほとんどないと考えています。全くなくはないでしょうが、稀であると思います。

では、いつ御家族が精神的に楽になれるのか。理屈で言えば、先述したように、御家族が苦慮しているものが軽減する、もしくは消失することで、御家族はようやく精神的に楽になることができると考えられるのですが、実際はどうなのでしょうか。

◉長期の入院や施設への入——物理的な距離がほどほどの心理的距離につながる

Nさんは妄想や徘徊などが頻回に生じてしまい、非常に激しい心理面、行動面の症状を呈していました。

奥さんはそれへの対応で、本当に日々御苦労をされていました。お会いするたびにため息から始まり、お話しすることすら、しんどそうに見えました。御本人は日常生活の動作はしっかりしており、御自分の考えも主張できる方でしたので、入院は断固拒否していました。

そんなNさんも徐々に認知症が進行してきて、外出時に御自分で帰宅することが難しくなってきました。何度か市内の防災無線で迷い人として捜索の依頼がかかったり、警察に保護されることが多くなりました。同時にNさんの判断力も低下し始めて、病院への受診を拒否することがなくなったので、入院施設のある精神科の病院を受診し、そのまま入院してもらうことになったのです。

その次にお会いした時の奥さんの晴れやかな表情といったらありませんでした。

「ありがとうございました。もう何の悩みもありません。おかげさまで本当に私、元気になりました」と活き活きとされていました。入院後は病院の関連施設に入所することになりそうだということで、先の見通しも立ち、奥さんとしては一段落という所でした。この時は、奥さんは精神的に楽になれたんだな、と思っていました。

しばらくは晴れやかな奥さんの状態が続いていたのですが、徐々に様子が変わってきました。

「何だか主人、最近痩せちゃって」「あまり病院ではリハビリとかがないから、筋肉が細くなってきちゃって」「最近は声もあまり出さなくなってきて、あれだけおしゃべりだったのが嘘みたいです」など、今度は御主人の状態についての心配が多くなってきたのです。

おそらくNさんの心身機能の低下は今後も留まることなく進んでいくことでしょう。奥さんの心配もそれとともに留まることがないのです。

◉認知機能低下の進行やADLの大幅な低下——もう怒ることもなくなった

義母のKさんをお世話していたお嫁さんは、Kさんが認知症の状態になる前から嫁姑問題でかなりひどいことを言われていたとお話しされました。怖くて御主人が帰宅するまで家に入れないこともあったそうです。Kさんが認知症の状態になってからもそのような暴言は収まらず、少し現実と違う内容も混在するようになってますますお嫁さんの精神的な負荷が高くなっているとのことでした。

このお嫁さんとは、一年以上個別の相談を重ねてきました。当初はKさんの発言がどれだけひどいか、お嫁さんがどれだけ気を遣って苦労しているか、などのお話がほとんどでしたが、徐々にお嫁さんの発言に変化が出てきたのです。

「まあ、最近はお義母さんに〈御飯ですよ〉とか声かけするようにしてますし、何か手伝うことがないかお部屋をのぞいて声をかけたりしてますけどね」のように、です。

あれだけKさんを怖がっていたお嫁さんが、なぜそのようにできるようになったのでしょうか。お嫁さんからは、「うん、もうだいぶ進んできて、トイレも失敗が多いし、あんまりいろんなことがわからなくなってきてるんですよね。歩くのも大変そうで、デイサービス以外はあまり部屋からも出ないし。できることもあるんだけど、私がやってあげないといけないことが増えているかな」とのことでした。

このようにお話しするお嫁さんはとても落ち着いていました。一方で、「これがもっと進んで行ったら私の負担がまた大きくなるんだろうと思うんですけどね」と心配を語るようにもなってきたのです。

◉一時、楽になれたとしても

物理的な距離ができることは、心理的な距離が取れることにも繋がります。入院や施設入所などによって、御本人の生活に自分を合わせる必要がなくなり、御家族は日々の対応への悩みが軽減もしくはなくなり、御自分の生活の裁量権が回復し、自分のペースで生活できるようになります。

そのことで気持ちに余裕ができ、精神的に楽になったようにみえる御家族が私が関わらせていただくなかでは多かったように思います。

しかし、たとえどんなに対応に苦慮していても、御自分の親御さんや伴侶を精神科の病院に入院させることや介護施設に入所させることは、それ自体が御家族にとって精神的な負荷が大きいことでもあります。また、認知症が進行していき、明らかに状態が低下していくということは、もう、「良くなるかもしれない」という期待ができないことを意味します。御自分の親御さんやパートナーに対して、ある意味で諦めなければならないのです。暴言や妄想などをはじめとした目立った精神症状が出なくなったとしても、できないことやわからないことが増えていく肉親を間近で見なくてはならないことは、御家族にとっては辛いことではないでしょうか。「あの頃はまだ怒れてたんですよね……」なども御家族から時折きかれます。

一度認知症の介護で苦しみや辛さを味わった御家族が精神的に楽になれる時はなかなか訪れないのかもしれません。

◉私がすることは

私はこのような御家族を自分との関わりで少しでも楽にできたらとは積極的には思いません。私はこのような御家族の一日一日に耳を傾けたいのです。「辛い」という言葉を黙って聴き、「こんな対応で良いんでしょうか」という言葉に「それで良いのです」と言い、「殺したいって思っちゃうんです」という言葉に「そういう時もあります」と言いたいのです。

自分が負い目を感じていることに、これで良いのかと思っていることに、何のためらいもなく「それで良い」と言われることは、少しだけ御家族の気持ちを楽にするお役に立つのではないでしょうか。

8　相談で大切なのは「黙って聴く」こと

大学院を修了して、現場に出るようになって以来、数えきれないくらいの認知症を抱えた方の御家族の話を聴いてきました。

ここでのタイトルは〈大切なのは〉としていますが、実のところ、〈私にできることは〉にしても良いかもしれません。兎にも角にも今の私が何とかできるかなと思えることは、黙って話を聴くことなのです。

なぜそれが大切だと考えるかについて、少しお話ししたいと思います。

◉勇気の承認

御家族の多くはそれぞれに認知症について勉強したり、調べたりしています。ですから、そういう方は一般的には自分がどうしたら良いのか、御本人にどう関わるべきなのかという理屈は承知しているのです。ただ、わかってはいるけど、そうできない何らかの葛藤をどうしたら良いのかわからなくて相談に来ていることが多いように思います。

また、「一般的な介護の本に書いてあるような対応は無理ですよね？」「みんながそうできるわけではないですよね？」「こういう時はこうしても良いんですよね？」という確認がしたい、許される言葉が欲しい、という印象を強く感じさせる方も多いと思います。

そのように話す御家族の多くは自分の対応が間違っているかもしれない、いけないことをしているかもしれない、もっと良い方法があるのだろうがこれ以上はできないなど、何らかの負い目を抱えながら相談に来ていることが想像されます。そのように御自分の介護に対してすでに十分すぎる反省と後悔を持ちながら相談に来られることは大変な勇気が必要であったと思います。

そのような方にアドバイスは必要ありません。黙って聴き、発言の全てにＯＫを出すのです。

◉葛藤の承認

なかには「私はこういう良い介護をしている」「こういう風に気をつけている」など御自分がどれだけ良い介護をしているか、どれだけ頑張っているか、工夫しているか、耐えているか、などをお話しする御家族もいます。また、「(それだけやれている）だから私は大丈夫なんです」と言い切る方もいらっしゃいます。

仮にそのお話のなかに改善の余地や理屈で言えば好ましくないことなどがあっても、やはり私は黙って聴いています。

というのは、困っていることではなく、改めて言わなくても良い介護とわかることを敢えて私にお話しする背景には、「これで良いのか。いや、これで良いはずだ、これで良いと言われたい、これではいけないとは言わせない」という葛藤を感じるからです。

自分が実践している介護について、専門家から否定されず、支持的に聴いてもらえたこと自体が、「認められた」という体験になり、それが御家族の精神的な安定と成長を促し、明日への穏やかな生活に繋がってくれると信じ、黙って聴くことを続けている、というのは格好を付けすぎでしょうか。

◉「まあ、何とかやってみます」のために

また御家族が介護生活を継続していくために大切だと思っていることは、御家族の小さな心のゆとりです。それは確実で安定したものでなくても良いと思っています。

「まあ、何とかやってみます」

という言葉が口に出せるくらいの、わずかな心のゆとりで良いのです。

日々の介護による心身の疲労を抱えながら、いっぱいいっぱいの状態で御家族はお話しされます。受容だとか共感だとか、構えなくても、「確かにそれは大変だ。嫌にもなりますね……」と自然に思わせてくれるお話が目の前で展開されます。

しかし、そのような壮絶な日常のエピソードを次から次にお話ししていても、何度か面接を重ねていくと、六十分や九十分などキリの良い時間になると、御家族から「まあ、仕方ないですよね。またやってみます」のようにまとめの言葉を出せるようになる方が多くなります。

それがなぜ六十分や九十分なのかはわかりませんが、ひとまず今日の分の言いたいことを言いたいだけ言えた、ということから、心のなかで消化できていなかった思考や感情が少し消化されて、心にほんの少しゆとりという隙間ができたのかもしれません。それでも、そこで拡げられた隙間は大きくはありませんので、ストレスにさらされればまた近いうちにいっぱいになるのでしょう。その時はまた、そこでお話をしてもらえばいいのです。

「まあ、何とかやってみます」

黙って聴くことで、〈ひとまず明日も何とかなりそう〉という、小さな心のゆとりを作るお手伝いができたらと思うのです。

9　御家族との個別相談で何を目指すのか

◉ほどほどの生活のために

認知症を抱える方の御家族のなかには、日々の介護によって心身ともに疲れてしまい、いわゆる神経症的な状態の方や抑うつ状態、感情のコントロールが少し難しくなってきている方もおられます。

しかし、その多くは基本的には重い症状ではなく、日常生活にも支障が出るほどではありません。私たち臨床心理士が行なうカウンセリングは、相談に来た方の心の支援をする、自己実現を支援することが大きな目的とされています。地域での個別相談はカウンセリングではありませんが、それに似た様相を呈しています。

それでは、改めて御家族の個別相談を行なう目的は何でしょうか。

私が御家族との個別相談において目指したものは、〈ほどほどの生活〉を続けていくための一助になることでした。

ここで二つの疑問が出てきます。

まず、〈ほどほどの生活〉とはどのような生活なのか。もう一つは、どのように個別相談がそれを支えることができるのかです。

◉ほどほどの生活とは

私が考える〈ほどほどの生活〉とは、たとえ御家族が大変だと感じる状況が続いていたとしても、なかなか決められない事案や解決に至らない問題を抱えていたとしても、彼らが心身ともに破綻せず、虐待も生じず、何とかやり過ごせているような生活です。

当然、御家族にとってはつらく感じることが多いかもしれませんし、周囲の人たちから見てもその生活は困難な状況に映るかもしれません。

なぜ、私がより踏み込んだ介入をしないのか。もっと積極的に関わり、その御家族が抱えている問題をできる限り解決するよう支援していくべきではないのか。そう思う方もいるかもしれません。確かに私もそう考えていた時期がありました。


◉なぜもっと積極的な支援を考えないのか？


私がより踏み込んだ支援をしない理由は大きく分けると、二つあります。

一つ目は、支援側も長期的な支援のためには無理をしない方が良いと思うからです。

地域で認知症を抱える人とその御家族の生活をたくさん見せてもらうなかで、改めて思うのです。「認知症の介護は綺麗ごとではない」と。

認知症の介護は時に美しく描かれ、対応の仕方を教えてくれる本や学会の発表などでも、こうしたら上手くいきました、ということが並んだりします。確かにそういうこともありますし、実際に専門職から見ても上手に介護をしている御家族もいらっしゃいます。そういう情報が希望となる人もいることでしょう。そういう点で、それはとても大切なことです。

一方で、認知症の介護は、それを見たことがない方が想像するよりもずっと生々しいものです。御家族は毎日のように感情を逆なでされ、自分の心の暗い部分に否が応でも向き合わされ、どうにもならない葛藤に揺さぶられ、先の見えない介護生活に不安を抱え、自分の時間が取れない、生活に裁量権がないことに苛立ちをおぼえ、時には私たちに殺意を話す方すらいます。

また昔からの親子関係の軋轢《あつれき》が介護の場面で再度噴出してきた方、元々の知的能力や発達の偏りを抱えた方が介護をするに至ったケース、何とか社会生活を営めるかどうかという水準の精神疾患を抱えている方で構成された御家族、経済的な問題も抱えているために必要と思われる医療や介護サービスなどの導入が困難な御家庭など、本当にさまざまな御家族と関わらせていただきました。

そういう方々を目の当たりにするなかで、教科書にあるような問題解決法は奏功することはほぼ無く、また私たちが思い描くような問題解決後の姿を期待することは意味がないことをこれでもかと教えてもらったのです。

それどころか、御家族に期待した分、その通りに行かなくて苦しんでいる支援者、思った通りに事が運ばないことを家族のせいにし始めてしまう支援者にも出会ってきました。彼らもまた、真剣に認知症を抱える御本人やその御家族に向き合っているがゆえに苦しんでしまうのでしょう。

ですから、支える側も〈ほどほどの支援〉なのです。

御家族の介護能力を多職種で評価しながら、それに見合った妥当な〈ほどほどの生活〉の継続を支えていくことが地域の専門職に求められており、それが支援の持続可能性を高めるのではないでしょうか。

今、認知症は早期発見の重要性がうたわれています。早く見つかることで、進行抑制などの可能性が期待できるかもしれませんが、一方で御家族が思い悩む期間は長くなるかもしれません。何度も同じことを言われるようなもの忘れの症状への対応に追われ、時にはそこに妄想や怒りっぽさなど、心理面や行動面の症状への対応で悩む時期があり、後に身体介護を必要とする時期が来ます。とにかく息の長い介護生活を御家族が継続していくためには、それを支える側も無理しすぎずに〈ほどほどの支援〉をしていくことが大切だと私は考えるのです。

もう一つの理由は、過剰な支援は御家族から奪うものが多いと思うからです。以下の三つについて簡単に触れます。

〈①自分で決める力〉

私たち支援者が積極的に介入して問題を解決することで、その方の生活は一時的に穏やかになることができるかもしれません。しかし、再び同じようなことや別の問題が生じた時に、その方は御自分で考えて決めるということが同様にできないかもしれません。

一度でも何とか自分なりにできる範囲で問題を乗り越えることができていれば、おそらく次の困難にもその方なりに対処しようとできるのではないでしょうか。

政府開発援助、いわゆるＯＤＡの支援や震災の復興支援などでも同様に言われることです。支援者がそこを去った後に、現地の方々だけで次の課題を乗り越えられるような状態を整えることが必要なのです。

ただ、それを御本人や御家族が決める時に、彼らがどんな決定をしようと、「それで良いと思う」と言える存在がいることは大切だと思います。

〈②介護への意欲〉

自分で考えて決めたことに対しては、内発的動機づけと言って、他者からの評価や報酬などがなくても頑張ろうとする意欲が湧いてきます。しかし、その決定や支援を他者が積極的にしてしまうと、結局御家族は自分たちで決めていないので、その決められた介護の在り方や生活を維持していこうとする意欲が保てなくなる可能性が出てきてしまいます。「自分で決めたんだから、やってみよう」という意欲を奪うことはできません。

〈③自尊心〉

支援側が積極的な介入をすることで、「してはもらったけれど、自分はなにもできなかった」と御家族が感じてしまうと、彼らの自尊心を奪いかねません。一時的に生活が落ち着いたとしても、その後も人生は続きます。人にはやはり自分を大切にする気持ち、自分に有能であってほしいという気持ちがあります。積極的な介入はそれらを脅かす可能性があると思うのです。

◉どのように個別相談が〈ほどほどの生活〉を支えることができるのか

認知症の介護は合理的に対応していけば上手くいくものではありません。そもそも、その合理的と言われる知識や対応法をその通りに行動に移すことは非常に難しいことです。

なぜなら、私たちは感情を持って生きているからです。合理的な対応法には、対応する人間の感情が考慮されていません。認知症を抱えている方が人間なら、関わっていく側も人間です。関わる方にばかり感情を統制した合理性を求めることは酷です。

人が感情を伴わずに人に関わることは不可能でしょう。それではロボットです。御家族はどのように対応したら良いのかがわからないのではなく、御自分の気持ち、葛藤とどう向き合えば良いのかわからなくて相談に来る方が多いのです。

ですから、ここに心理職が御家族から話を聴く理由が出てくるのです。

〈ほどほどの生活〉を続けていくためには、まずは今、ここでひとまず落ち着いて少しでも心のゆとりを取り戻してもらうことが出発点だと思います。私の個別相談によって、御家族が自分自身の感情のコントロール法を身に付けることは難しいと思いますが、今、ここで、言いたいことを言いたいだけ言うことで、少しでも落ち着きを取り戻し心にゆとりができれば、それが彼らの〈ほどほどの生活〉を支えることの一助になるのではないかと考えるのです。

【事例2】ほどほどの生活、ほどほどの支援

「聞いてくださいよ。うちのおじいさんが庭の端っこで便しちゃってたんですよ。ワタシに意地悪してるとしか思えないですよね？」

八十歳代後半のUさんは認知症の診断を受けてからずいぶんと経っています。その娘さんの対応をどうしたらいいかと相談を持ちかけてくださったのはUさんを担当するケアマネジャーさんでした。娘さんからは御相談というか、とにかく右にあるような「ワタシが大変なんです」という電話が毎日のように頻回にあるとのことでした。娘さんからの御相談に対して情報提供やアドバイスをしても、それらが聞き入れられることはほぼなく、とにかく「大変なんです」というお話がともすると数時間も続いてしまうとのことでした。

ケアマネジャーさんもかなりお話を聴いてくださるのですが、さすがにくたびれたのでしょう。娘さんに、「臨床心理士って言う人がいるから、お話聴いてもらったらどうですかと伝えたら、〈じゃあ、そうしてみます〉ってことだったので」とセンターに相談が入ったのです。

それではさっそくお会いしましょう、ということで、娘さんとお会いすることになりました。初めての面接の時はセンターに来所していただきました。挨拶もそこそこに娘さんのお話が始まりました。

「うちのおじいさんのことなんですけど、認知症なんですね。おとうさんはそうじゃないって言いますけど（ここでのおとうさんはこの娘さんの御主人です）。それで何だかときどきこっちを睨みつけているんです。そういうの、怖いじゃないですか。嫌だから〈そんな睨まないでください。ワタシ何かしまし

たか〉って言うんですけど、〈そんな睨んでなんかいねえべ〉とか言って知らない振りするんですよ。認知症ってそういうところあるんですか」

「うちのおとうさんは結局他人だから、ワタシがいろいろされてるのを話しても、あんまりおじいさんに言ってくれないんです。もっとおとうさんに認知症のことも知ってもらわないといけないと思うんですけど、《うるせぇ、認知症なんかじゃねえ》とか言って聞いてくれないんです。一度おじいさんの診察におとうさんに一緒に行ってもらって認知症のことをわかってもらいたいんですけど、そういう風にあざみさんからおとうさんに言ってくれませんか」

一見、質問や要望のような発言もあるのですが、ひとまずそれらには回答せずに聴いていても、娘さんは気にする風もなくそのまま次の話題に転換していきました。このような態度からも「ああ、娘さんは今は《話すとき》なんだな」と思われたので、余計なことは言わずにひたすら聴き入ることに努めました。

その日はひとまず娘さんの気が済むまでお話をしてもらいました。「またお会いしましょう」ということでお帰りになりましたが、その日以降、センターに頻回に電話がかかってくるようになりました。内容はほぼ右と同様で、日ごろの大変さが語られるわけです。

基本的には私が電話対応をすることにしていましたが、私が不在にしていると娘さんは「誰でもいいから聴いてほしい」とおっしゃって、長いときには二時間近くほかのスタッフが娘さんの話を聴いてくれたこともありました（その後、私以外のスタッフの対応は長くても二十分までにしましょう、ということに決めました）。また、娘さんは同様の電話を、市役所の担当課や保健所の担当者、別の福祉施設、法律関係の事務所などにもしていました。果たしてこの娘さんは多くの支援者にとって〈困った人〉になってしまっていました。娘さんに関わる支援者の皆さんが彼女の対応をどうしていいかわからないということで、関係者を集めて地域ケア会議を行ない、娘さんの対応をどうしていこうかを検討したときもありました。

しかし、私はひそかにこの娘さんに感心していました。というのも、この娘さんは何とかおじいさんと御自分の生活を崩さずに継続していたからです。私はそれは大きなポイントだと感じていました。娘さんはなんだかんだと言うことは多くても、御自分のできる範囲でUさんのお世話をしており、ケアマネジャーさんと相談して必要な介護サービスは導入しており、虐待に及ぶようなこともなく過ごせていたのです。娘さんは何とかほどほどの生活を保っていたのです。

さらに、相談のなかで私が聞き流していた「おじいさんの診察に一緒に行くようにおとうさんを説得してほしいんです」や「おじいさんが認知症の専門病院にかかるための紹介状を先生にお願いしてください」というような要望に関しても、いつの間にか娘さんが御自分で動いて御主人にきちんと話をしたり、Uさんの担当医師にお願いに行ったりなさっていました。私はそれをすごいことだと思うのですが、娘さんはそれらを何でもないことのように、「この前おとうさんにお願いしたんです」とおっしゃるのです。私は素直に「すごい！　それは頑張りましたね！」と喜びました。

彼女に必要だったのは、彼女からの要望を私たちが叶えることでも、回答することでもありませんでした。確かにこの娘さんのお話を根気よく聴き続けることは大変だと思います。しかし、多くの支援者がどうにかこうにか彼女の話を聴き続けていたことが、娘さんの心の支えになっていたのでしょう。その支えがあったからこそ、彼女は自分で行動することができ、今もUさんとの生活を何とか継続させることができているのではないでしょうか。

おそらく対人支援を仕事としていると、この娘さんのようなみんなから〈困った人〉と見られてしまっている方がいることでしょう。そういう方に対して「この人の対応は大変だな」と消極的な姿勢で対応をしていたにもかかわらず、その人にとってはそれが大きな支えになっていたということもあるのです。

支援というのはわからないものです。

10　繋《つな》げる前に〈繋《つな》がる〉

◉私が繋がっているか

地域で仕事をする際のキーワードの一つが〈繋げる〉です。

地域包括支援センターに限らず、地域のさまざまな機関では、地域住民から相談を受けたら適切に対応してもらえる行政の部署、医療機関や介護関連事業所、NPOを含め民間の支援団体などに関する情報提供をしたり、場合によってはそこへ同行したりします。また、相談者の了承を得たうえで各機関で情報共有を行ない、地域でその方や御家族をサポートしていく形を取っていくわけです。

ここで重要なことは、他の機関に繋ぐ前に私が相談者と繋がっているか、という観点です。私自身が繋がっていない人を他に繋ぐことはできません。これは単に相談した、それを受けた、という繋がりではありません。それであれば、専門職がこの業務にあたる必要がありません。地域福祉に専門職が就いているのは、知識や情報を提供する以外の相応の必要性があるからでしょう。

ここで私が大切だと思っていたことは、相談者が〈感情的に支援者と繋がれる〉ということ、すなわち、私たちが相談者と関わることで、彼らが「何かあってもまたここに来れば大丈夫だ」という、ある種の安心感を持てることです。

相談者に限らず、私たちが行動を起こす、または新しいことに足を踏み入れる時には、今、ここの、心の地盤の強さが必要です。この安心感が相談者と私たちの間で築けていないうちに行動を起こしてしまうと、ちょっと上手くいかなかったり、自分の思うことと違ったことがあったりすると、「こんなはずではなかった」「勝手にここに来させられた」などということになりかねません。

◉繋がるために

相談にいらした方とどうしたら繋がっていくことができるのか。やはりここでも一番大切なことは、黙って相談者の話を聴くことが出発点でしょう。

彼らが一番困っていることに応じることができるのが理想ですが、相談にいらした方に「一番困っていることは何ですか」という質問をすることは、私は好きではありません。それはこちらの都合で聞いているからです。

困っていることを一つにしてもらえば、対応するこちらは思考がシンプルになりますので助かります。そして、この投げかけによって、相談者も「私は何が一番困っているんだろう」と少し冷静に考えられる方がいるかもしれません。しかし、そのような方は稀です。

相談者に自由にお話をしてもらうと、取り留めがなくなり、一体全体この相談者は何に困っているのだろう、ということはよくあります。他の所でも書いていますが、そのいろいろ話されることを性急にまとめようとせず、まずはその状態の相談者を認めることです。「あぁ、この方は今こんなに取り留めもなく話さなければならないくらい混乱した状態なんだな」ということです。性急に相談者の発言をまとめようとし

ている自分に気付いてください。その時あなたは感情的になっていることでしょう。

そのようにお話しする方でも、おそらく相談前には、「今日はこういうことを話そう」と思っていた方も多いかもしれません。でも一度話し始めたら止まらなくなって、とにかく言いたいことを言いたいだけ言っているのかもしれません。

黙って聴くことは、それだけで承認です。また、ある程度言い尽くしてくると、相談者の話も大切な部分に集約してきます。そこまで来たところで、支援側としては、今後どのようなお手伝いがしていけるかをお伝えしていっても遅くないと思います。

急《せ》いては事をし損じる、急がば回れ、というところでしょうか。

11　操作するリスク

◉支援者の願いと優しい心、そのリスク

私は御家族の話を、認知症を抱える御本人を想像しながら聴いています。御家族の話を聴く支援者の方はみなさんがそうではないでしょうか。御本人に穏やかな生活を送ってもらいたいという願いを持ち、また御家族にも、できる限り平穏に暮らしてほしいと思っています。そして、その目標達成のために、多くの情報や知識、経験を技術に反映させながら、人々の支援にあたっているわけです。

ゆえに、御家族の話を聴いていると、単に「大変だな～」ではなく「あぁ、こういう風に考えられると良いなぁ」「御本人にこう声をかけられるといいんだけどなぁ」「こういう社会資源を使うのも悪くないかも……」などの考えが頭のなかに浮かんで来ます。それらは専門職として習慣的かつ自然に出てくるのではないでしょうか。

しかし、そのような意図や期待を持っていることは、明確に意識しなくても、私たちの意識のどこかで次のように考えてしまう下地になりえます。

御家族に、「そう考えるようにしてみます」と言ってほしい。
「今度はこういう風に声かけしてみます」と言ってほしい。
「その社会資源を使いたい」と御家族の口から言ってほしい。

このような思いが支援者側に強くなり、それに自覚的でないと、話の聴き方や、質問の仕方、こちらからかける言葉が、御家族の考えや思いを操作するような方向になってしまうリスクを持ってくるというのがここでのお話です。

◉相談者は影響されやすい状態でもある

相談を重ねていくと、御家族はこれまで語らなかった深い話をしてくれるようになります。それは認知症を抱える御本人のことだったり、御家族自らのことだったり、御本人と御家族との関係だったりさまざまです。

このように御家族がいろいろ話してくれるようになると、聴いている側は、「少しずつ信頼関係が形成されて来たかな」などと考え、こちらからの関わりや時に投げかける言葉なども調整していくわけです。これが客観的な評価に基づく自覚的な対応であれば通常の臨床活動といえるでしょう。

ただ、対人支援を仕事としている人は優しい人が多いので、時に以下のような気持ちが湧いてくることがあるでしょう。

「こんなに私のことを信頼して話してくれているのに、私は聴くことしかできない」
「こんなに困っているのだから、なにか良いことを言ってあげたい」

支援する側も人なので、気持ちが湧いて来てしまうのは仕方のないことです。私も御家族とお話をしながら、いつもこのような気持ちがもりもり湧いてきています。

相談してくる御家族の多くは迷いのなかにあります。そのため、自分たちで情報を集め、何が本当に自分たちにとって必要な情報かを精査し、選択、実行していくことは簡単ではありません。自分ではこれ以上考えられないと、「もう、誰かに決めてほしい！」と思ってしまう人もいるでしょう。このような状態の方は専門家の意見の影響を受けやすくなっていると思われます。

また御自分の介護に自信が持てていない御家族のなかには、こちらの相槌《あいづち》や表情を見ながら批判されないような発言や返答に終始してしまい、本当に困っていることや話したいことを話せないような状態になっている方もいるでしょう。

しかも、私には専門的な知識があり、また御家族にしてみたら話を聴いてくれた〈先生〉という認識になっていることもあります。つまり、御家族は私がアドバイスをし始めると、それを容易に受け入れてしまう可能性があるわけです。

ゆえに、私が極めて自分を律しているのは、その優しく湧き出した気持ちに常に自覚的でいることです。そしてその気持ちを行動化してしまわないようにコントロールすることです。

優しい気持ちに任せて、あれこれアドバイスをするようになると、もはや専門職ではなく、優しく少しお節介な御近所さんか御親戚と同じです。そのような役割は本当の御近所さんや御親戚の方がしてくれるので私たちが担う必要はありません。

しかも、それがたまたま奏功してしまうと（奏功すればまだ良いですが）、それは私の成功体験として認識され、自己効力感を高めた私はその強化された行動、つまりきちんと聴かずにアドバイスする、ということを学習し、それを繰り返すようになるという、さらなるリスクを抱えるのです。それはもはや、私が自分の思うように御家族を操作していることに他なりません。

「それで上手くいくなら良いのでは？」と考える人もいらっしゃるでしょうが、本当にそうでしょうか。というのは、それが御家族の自立支援になっているとは思えないからです。「自立支援になっていなくても、その人たちの生活が落ち着くならそれで良いのでは？」と思う人がいるかもしれません。

本当にそうでしょうか。

では、なぜそれが好ましくないのでしょうか。少なくとも、私がそれを好ましくないと考えているのはなぜでしょうか。

◉その人らしさに土足で踏み込まないために

私たちの人生は必ずしも上手くいくことばかりではありません。自分の思うように行かないことのなんと多いことでしょうか。

それでも自分のできる範囲でなんとかしたり、やっぱりどうにもできなかったり、見て見ぬ振りをしたりしながら、その人なりにこれまで生きてきているわけです。

つまりそういう生き方が〈その人らしさ〉〈その家族らしさ〉だと私は思うのです。

〈住み慣れた街でいつまでもその人らしい生活を〉などと言われる昨今ですが、認知症を抱えた人やその御家族に対して、私が自分の考えや理想を押し付けるようなことをしたら、彼らの〈らしさ〉に土足で踏み込むことになります。誇張した表現をすれば、それは認知症を抱えた人やその御家族の尊厳を奪う行為になりかねないのです。

それでは、御近所さんや御親戚の人があれこれ言って、御家族がそれらに従ってしまうのは良いのか、と考える人もいるでしょう。当然の御指摘です。

一概に良し悪しでは語れない部分もありますが、私はそういう関係が多かれ少なかれこれまでもあったのであれば、それはそういうものかと考えています。

専門職が、特に心理職がそれをしてはならないのは、私たちは人の心の働きについても知っているからです。私たちが他者を操作してしまうリスクを抱えた存在だということを知っているからです。

◉操作のリスクを下げる

〈黙って聴く〉ことはカウンセリングでは基本とされています。

しかし、この〈黙って聴く〉という技術は非常に高度であり、相当の訓練を要するものです。自分の心理的な弱さと向き合わないといけないからです。

繰り返しになりますが、心理職には自分の抱えているリスクと自分の心理的な弱さに日々自覚的であることが求められています。それがつまり、認知症を抱える人とその御家族の人生に土足で、無責任に介入し、操作するリスクを低くしてくれるのではないでしょうか。

【事例3】オランダの跳ね橋の塗り絵

Iさんの息子さんは、おやつの少し前の時間にセンターに来所されました。

もの忘れの相談だったので、自然に私が対応することになりました。

席に着くと、急いで来られたのか少し息をあげたまま、息子さんは堰を切ったようにお話を始めました。お話の内容は多岐にわたりました。

「同じことを何回も言って、さっき聞いたことを伝えてもわからないんです。知らんぷりなんかして、何だかバカにされてるみたいです」

「料理もしなくなりました。買い物に行って、何か食べたいものある、と聞いても特にないって。でも作ったものには味がどうだの、固いの、柔らかいのと言うんですよ」

「もともと人付き合いなんかも好きな方じゃなかったので、家から出ることもあまりないですし、私もあまり外出しない方なので、いつも顔を合わせているとつい言い合いになったりして。こっちの方がおかしくなりそうです」

など、普段の生活で息子さんが不満に感じていることが次々に語られました。

他にも、この街には認知症や介護についての情報がなさすぎる、どこに相談に行けば良いのかもわからなくて、あちこち調べてようやくここに来ることができた、などを私の就業時間を過ぎてもお話がとどまるところを知りません。しかし、かれこれ三時間ほどお話を聴いていると、徐々に息子さんの語調が変わってきました。

「自分が元気なら母をもっとちゃんと見られるのに……」（息子さんも御病気を抱えていました）

といった具合です。ほかのスタッフはみな帰ってしまい、室内もひっそりと落ち着いた雰囲気です。とめどなくお話しされていたのが一転して、しばしの沈黙が合間に挟まるようになり、その都度息子さんは下を向いて何やら考えてらっしゃるようでした。私はもう少し頑張って黙っていようと思っていました。

ふっと顔を挙げた息子さんから、「やっぱり本人を見に来てもらわないとわからないですよね。いつなら来られますか」と訪問の要望が出たので、早速翌週にお宅を訪問することにしました。自分の城ではないところでこれだけお話しするということは、訪問時はもっとお話がたくさん出るかもしれない、と午後一番で訪問の予約を入れ、そのあとは予定を入れずに出かけました。

私の心配は杞憂でした。

そこでは打って変わって、息子さんはほとんど話をしませんでした。私とIさんを引き合わせてからは台所に行き、お茶を出してくださったり、お部屋の整理をしたりしながら、私たちの会話に耳を傾けてらっしゃいました。

Iさんと私はダイニング・テーブルに腰かけて、お茶をいただきながらお話を始めました。主にIさんの今の生活の様子と生い立ちについて、私が質問しながら聴かせていただきました。時々繰り返しと別の記憶での穴埋めがあるものの、Iさんのお話はまとまりがあり、笑いのポイントも押さえてらっしゃり、とても楽しいものでした。戦時中のお話は描写が細かく、とても生き生きとしたエピソードが語られました。おそらく多くの人には一見もの忘れがある人だとは気づかれないだろうと思うくらいでした。

時々Iさんのお話の細かい点の訂正で息子さんが口をはさむと、Iさんが「もう、うるさいわね」などとおっしゃいましたが、それに息子さんは感情的に反応するわけでもなく「はいはい」とすぐに引き下がっていました。

話題がIさんの趣味に移ると、昔から刺繍をしていて、最近も少しやっていること、少し前から塗り絵に凝っていることなどが、御本人から語られました。すると、それを聞いていた息子さんが奥の部屋から束になっている塗り絵の作品を持ってきてくれました。

「これとか、綺麗ですよね。これなんてよく塗ったと思うんですよ」

などと、Ｉさんが話す前に息子さんが塗り絵を褒め始めました。Ｉさんは恥ずかしがりながら、「そんなんじゃないよ」と言っていました。

するとと今度は、息子さんが室内のいたるところに、Ｉさんが編んだレースの敷物があることを教えてくださいました。花瓶やガラスケースの下に敷かれているものから、目の前にあるテーブル・クロスもＩさんが編んだものでした。それらについても、息子さんが積極的に賛辞を表わし、御本人は照れているという時間を過ごしました。

生き生きと語るお母さんを御覧になりながら、息子さんに何か感じるものがあったのかもしれません。

後日、再度息子さんとお話しする機会を作りました。訪問の時のことについて聞いてみると、このように息子さんから話されました。

「(Ｉさんが）あんなに話すんだ……と思いました。私が間違っていたんだなって。これからは母の話を中心に聴いたり、自分で決めてもらった方が良いんだなと思いました」

その後も何度か継続して訪問しながら、Ｉさんとお話しする機会を持たせてもらいました。息子さんは初めて来所した時の様子が嘘のように思われるほど、穏やかで気持ちに余裕を持てているように見えました。しかし、時々息子さん自身の体調の波はあるとのことでした。

私のデスクの上には、「オランダの跳ね橋の塗り絵」がしばらくの間飾られていました。

12　相談者が我に返ったら

◉一度我に返ってしまうと

御家族の話を聴いていると、とめどなくお話をされ続けていたかと思うと、ふと我に返り、このようにおっしゃる方がいます。

「私ばっかりこんなにしゃべっていて良いのかしら？　こんな愚痴ばかり言っても何にもならないわよね。聴いている方はたまらないでしょ？」

一度このように我に返って、御自分の話していた内容を振り返ったり、話をしていること自体について良いのか悪いのかなどいろいろな思考が浮かんでしまうと、御家族はその先、言いたいことを言いたいだけ言えなくなってしまいます。

改めて御自分の世界に戻って話を続けられる御家族もいますが、そこに引っかかってしまい、言いたいことが言えなくなって止まってしまう方も少なくないのです。

たとえ引き続き話ができたとしても、何か少し遠慮しながら、言葉を選びながら、ためらいながら話すようになってしまうようでした。

我に返った御家族が、「私ばかり好き勝手に言いたいことを言っている」と感じることは仕方のないことでしょう。このように話をすることにすら罪悪感のような気持ちを持つ御家族は、実際の介護の在り方がどうかはわかりませんが、御自身の介護の在り方や御本人への接し方などに関しても、自信のなさ、何かしらの後ろめたさ、「ちゃんとできていない」という感覚をお持ちかもしれません。

一度我に返って思考が始まってしまうと、それらの考えが影響力を持つようになり、その後の発言には何か本音とは違うものが混入しやすくなるようです。もちろん本音ばかりを話す必要はないのですが、「あんなに悪いことばかり言ってしまったから、少しは良いことも言わないと」のようになってしまうと、その後はあまり御家族の発散にはならないと思われます。

それゆえに、相談の場面では、御家族をいかに我に返らせないかが一つの課題となります。

13　我に返る予防

◉余計なコメントはしない

御家族が話すことの罪悪感を軽減しようとして、「今後の御本人の支援を考えるうえで大切なので教えてほしい」や「そういうお話をほかの御家族が聞いたらとても励みになるでしょう」のように私が言葉をかけることは極力しないようにしてきました。奏功することもあるかもしれませんが、私のコメントによって御家族が、「役に立つことを言わなければ」と考えてしまうことを避けたかったからです。つまり余計な思考に繋がりそうな種を蒔かないということです。

◉余計な頷きや相槌はしない

頷きや相槌も御家族が話すリズムに合っていないと、我に返らせる一因となります。御家族が流れるようにお話ができており、こちらの反応をあまり意識していないようであれば、教科書通りに頷きや相槌をする必要はないでしょう。

逆に、頷きや相槌が身に染み付いて自然に出てしまう心理職の方にとっては、それを意識的に統制する必要があるかもしれません。

視線や表情などを用いて、「きちんと聴いていますよ」という雰囲気が伝わるようにしておけば十分でしょう。

◉余計な質問はしない

質問をして思考させることも同様です。お話に埋没している方の話のなかには、聴いているこちらが気になる言葉や表現が入ってくることがあります。

しかし、それはあくまでこちら側が気になっただけであり、その言葉や表現に話し手がどれだけの思いや意味を込めているかはわかりません。

しかも、ここでは御家族に言いたいことを言いたいだけ言ってもらうことを第一義として関わっている場面の解説ですから、やはり一番大切にしなければならないのは、話の流れを止めない、御家族を我に返さないということです。

どうしてもその言葉や表現について深める必要があると聴き手側が考えたのであれば、それはまた別の機会にそのような目的を設定した面接の場面で実施する方が良いでしょう。

◉我に返った時は

もちろん御家族は際限なくいつまでも話し続けるわけではなく、どこかで終了します。

カウンセリングをされている心理職の方は経験があると思いますが、相談者の多くは、たとえば、十四時丁度など、キリの良い時間が来たり、話し始めてから一時間など、ほどほどのところで自然に我に返って、その日のお話を自ら収束させるようになります。

私は御家族がこのように自然に我に返った際は、たとえそれが短い時間であったとしても、そこで終了することにしていました。何かの弾みや、私の不手際などで途中で我に返ってしまっても、「お話しすることは良いことですよ、さて……」「トイレが上手くいかないお話でしたが……」など、簡単な促しをしてみることもありましたが、基本的にその日のお話には区切りをつけるようにしていました。

おそらく我に返ってきた方は、自らお話を収束させるもう少し前から冷静さを取り戻してきており、終わりのタイミングを計りながらお話しされているので、それからまたお話に埋没していくことは難しいと思われるからです。

また、冷静さを取り戻してきているということは、ひとまずその日の分の言いたいことが言いたいだけ言えたからだと考えるからでもあります。

このように相談者が、自らほどほどのタイミングでお話を収束させられた時は、ひとまずその日の相談は良い時間だったのかなという評価をすることにしています。

【事例4】 私の慢心

ここでは私が慢心からとんだ勘違いをしてしまい、勝手にがっかりすることになった恥ずかしいケースを皆さんに御紹介しようと思います。

「ちょっと心配な家があるから、訪問して様子を見てほしい」と、最初の相談はその地区を担当する民生委員さんからでした。

Rさんは八十代の男性でお一人暮らしです。この御家庭は私がこのセンターにお世話になるよりずいぶん前から地域の専門職の方たちが気にかけていました。しばらくは落ち着いていたようなのですが、定期的に訪問してくださっている民生委員さんが改めて御依頼下さったのです。

「御本人のもの忘れがずいぶん進んでいるようだ」「時々外に出て大声で叫んでいる」などという情報も一緒にいただいたことから、私が訪問することになりました。

Rさんのお宅に着いて外から呼び鈴を鳴らすと、「だれっ?!」と結構大きく、怒鳴るような声が聞こえました。少し聴こえの悪い方かもしれないと、こちらも少し大きな声で御挨拶と自己紹介をすると、ほどなく扉を開けてもらえました。季節は冬でしたが、強めの匂いが鼻をつきます。

「で、そういう方がどんな御用ですか？」

猜疑心を漂わせる表情です。

「お一人暮らしの六十五歳以上の方を訪問して、生活の様子を伺って回っています」

「六十五歳以上たって、俺はいくつだったかな。近所に、娘が住んでんだ。あんまり来ないんだけどね」

お話ししながら、時々口から食べ物がぽろぽろこぼれるのが気になります。

「俺はね、五人姉弟の末っ子。一番上の姉さんが偉くてね～。俺はこのとおりダメ。この顔だろ。いじめられたけど、悔しいから言い返してたけどね」

「お～、そうですか」

「それでね、俺はこの顔だろ、姉さんたちは良かったんだけど、俺は五人姉弟の末っ子でダメ！　ハハハ～」

お話ししているうちに、徐々に笑顔を見せてくださるようになりました。

Rさんは〈目を輝かせる〉という表現がぴったりの表情で、生き生きと子供の頃のお話をしてくださいました。しかし、繰り返しの幅がお話しするほどに短くなっていったので、これでは疲れてしまうと思い、ほどほどの所で話題を変えたり、私が話をするなどしていました。その後、「おう、こんな玄関で悪いね。上がってってくださいな」とお部屋に上げてくださったので、そこでまたしばらく同様のお話を聴かせてもらいました。

戸建てのお宅でお一人暮らしのRさんは近所に娘さんがいらっしゃいます。御本人はほとんど来ないと話されましたが、民生委員さんのお話では、実際は毎日、朝にRさんを訪問して、朝と昼の御飯とお薬を置いて、お風呂も沸かして行くのです。

炬燵《こたつ》の上のRさんの目につくところにクリップボードが置いてあり、紙が挟んでありました。そこには朝食と昼食の後に飲むお薬がテープで貼り付けてあり、最後に、「お風呂が沸いています。午後二時になったら入ってください」と書いてありました。Rさんはそれを頼りに、Rさんのできる範囲内で、Rさんの生活を送っていたのです。

家の状態と、Rさんの生活の在り方をセンターのスタッフで共有し、御相談くださった民生委員さんにも伝えて協議した結果、娘さんの負担が大きくないだろうか、介護保険の申請もされていなかったのでお勧めするのはどうか、どちらにしても一度娘さんに電話して意向を聞いてみよう、ということになりました。

「今のところ、何とかやっていますので、大丈夫です」

娘さんのお話に、私も「まあ、その通りだな」と思ったので、お忙しい時にお話ししてくださったお礼と、何か困ったことがあれば遠慮なく御連絡くださいと添えて電話を切りました。

それからも民生委員さんと情報共有しながら、二週間から一ヶ月置きくらいにRさんを訪ねては、様子観察を継続しました。その間、特に生活が変わることもなく、御本人の体調が崩れることもなく経過していました。

私はRさんを訪問するたびに、娘さんが丁寧にクリップボードを用意して、お父さんの生活を支えているのを感心しながら観察していました。おそらくRさんのもの忘れの状態は認知症の専門医に診てもらったら、何らかの認知症性疾患の診断がつき、治療が開始される状態であったと思います。しかし、そういうことをしなくても、この親子は自分たちのできる範囲で、自分たちのほどほどの生活を続けていらしたのです。

訪問時にはセンターのチラシに娘さんへのお手紙を書いて、置いてくるようにしていました。「何かあれば遠慮なく御連絡ください」と。

Rさん親子とセンターおよび私のお付き合いが一年半くらいたったある日、センターに地域の介護施設から連絡がありました。Rさんが施設を使い始めたと言うのです。

「あ、そうですか。それはそれは……」

娘さんからセンターに連絡や相談はありませんでした。民生委員さんにも連絡はなかったそうです。娘さんのお知り合いにケアマネジャーをされている方がいて、その方に相談されたとのことでした。

私はがっかりしました。てっきり私はRさんのことで何かあれば、娘さんからセンターに連絡をいただけるだろうと思っていたからです。地域の支援者のなかで民生委員さんと私が一番Rさんに会いに行って、お話して、観察していると思っていました。娘さんにも手紙を置いてくることで、少しでも心のフォローになればと考えていました。だから何かあればきっと娘さんから連絡をいただけるだろうと思っていました。

何と愚かな思い込みでしょう。何と迷惑な支援者でしょう。このような押し付けがましい親切心を娘さんは快く感じていなかったのかもしれません。

私は慢心していました。これはプロの仕事ではありませんでした。とても恥ずかしく、情けないことです。もしかしたら、これまで関わらせていただいた方々のなかにも、同じように不快な思いをさせてしまった人がいたのかもしれません、いえ、おそらくいらっしゃったでしょう。本当に申し訳ないことです。しかし、ここでの気づきは私にとって、本当にありがたいことでした。

しばらくしてから、訪問の途中にRさんにお会いしようと、施設に寄ってみました。Rさんは丁寧に初対面の挨拶をしてくださったあとに、笑顔でお話ししてくださいました。

「俺はね、五人姉弟の末っ子。お姉さんは立派なのに、俺はこの顔でダメ。ハハハ〜」

14　できていることのフィードバック

御家族に対して、できていることのフィードバックをすることはとても難しいことだと思っています。

◉「できていない」ばかりの人にはフィードバックしない

介護をされている御家族の話を聴いていると、御自分の介護について、「私はこんなにもできていない」と話される方は少なくありません。そこにいくばくかの罪悪感を伴っている場合も多くみられます。話のなかで私の立場からするととても良くできていることがあったとしても、「私はできていないんです」という発言ばかりの御家族には私はできていることのフィードバックはほとんどしません。

私事の例えで恐縮ですが、私はマラソンをします。山の中を食料や水分、雨具などを入れたザックを背負って何十キロも走るトレイル・ランニングという競技をするのです。趣味でありながら私は自分なりのこだわりや頑張っているという自負を持っており、この競技に〈きちんと〉取り組みたいと考えています。だからでしょうか、他の人から見てどれだけ速く走ろうが、レースでの成績が良かろうが、自分ができていないと思ったら、それは〈できていない〉のです。レースのために体重を落とす必要があることもあるのですが、どれだけ周囲の人から「十分痩せているでしょ。これ以上どこの肉を落とすのよ？」と言われてもやはり不満なのです（このように書くと、少し強迫的に聞こえますがほどほどにやっています）。

「速いね〜」とか、「十分痩せているよ」と言われて全く嬉しい気持ちにならないかと言われたら、そうではありませんが、そう感じられるのは目標となるレースまでまだ期間があるため気持ちにも余裕がある時です。

認知症の介護を私の趣味に例えることは不謹慎かもしれませんが、御家族も相談に至るまでは自分で考え、迷い、自分なりの介護をされてきています。つまり、御家族なりのこだわりやここまで頑張ってきたという自負があるのではないでしょうか。また、介護は大変でしょうが、やはり自分の大切な人のお世話ですから〈きちんと〉取り組みたいとも思っていらっしゃるでしょう。

ですから、このような雰囲気を感じる御家族に、簡単に「〇〇できていますね」などとは言わず、まずはしっかり聴くことに終始します。

またこのように「できていない」と話す御家族のなかには、単に自分の介護が思うようにできていないということではなく、「気持ちの整理ができていない」というニュアンスでお世話をしている親御さんや伴侶に対して強い葛藤を示す方もいらっしゃいます。

このような御家族に、できていることのフィードバックをしたり、何らかのアドバイスをしてみたりしても「いや〜でもね〜」など、すぐに否定的になったり、私のコメントには取り合わず、次のできていない話題や御苦労へと話が展開していったりします。つまり、このような方々に、私ができていることのフィードバックをすることは、一つ余計に御家族に否定的な表現をさせてしまったり、話のリズムを崩したりするだけで、私が言葉を差し挟むことは役に立たないのです。ですから、やはり黙って聴くことになります。

◉どんな人にフィードバックをするのか

だからと言って、全くそのようなフィードバックをしないわけではありません。「私はできていない」という御家族にも、発話の内容に変容が現れれば、タイミングを計りながら伝えていくことはあります。

できていることのフィードバックを、どちらかというと積極的に行なうタイプの御家族があります。それは〈確認したい御家族〉〈自分ができていることを話してくる御家族〉です。

◉確認したい御家族

多くの御家族にとって介護は初めての経験です。もちろん参考書や講習会などで知識や経験を得ることはできますが、それはあくまで一般的な知識になります。一般的な知識だけでは、自分のしている介護が正しいのかどうかの確認は難しいでしょう。

私は介護の専門家ではありませんので、介護の良し悪しについてははっきりと言及することはできません。それでも私は、「このようにしているのですが、これで良いんでしょうか」という御家族には、その対応が虐待の域に及んでいなければ、「それで良いと思います」とOKを出すことにしています。というのも、このように「これで良いんでしょうか」と聞いてくる御家族のなかに、自分の至らなさを訂正してほしくてそう聞いてきている人はほとんどいないように思えるからです。そして、おそらくこのような質問は介護の技術的なことだけではなく、「こうしてしまう私の気持ちはこれで良いのか」など、自分の感情的な在り方についての確認も含んでいるように感じるからです。

自信がなく、不安を抱えながら介護を続けている御家族に対して、心理職がすることは正しい介護について情報提供することではなく、少しでも彼らに安心感を提供することだと思います。ですから、介護の良し悪しについての判断とは別に、私は御家族を認めるための「良いと思います」を伝えることにしています。

御家族は迷いのなかにいるのです。私も老年期の心理臨床の専門家ではありますが、毎日のように、「こ「これで良いのか」の連続です。その迷いがあるおかげで、私は慢心せずに研鑽《けんさん》を重ねようと思えるのです。おそらく、このような御家族も迷いながらあれこれ工夫をし、介護生活を続けていらっしゃるのでしょう。そして、その努力ができるのは、介護をしている人を大切に思っているからなのだと思います。

◉自分ができていることを話のなかに挟んでくる御家族

介護の苦労話のなかに、「でもこういうことはしているんですよ」「これはテレビで良いって言っていたから毎日食卓に出しています」など、介護者としてできていることをちょくちょく挟みながらお話しされる御家族がいます。

こういう場面で話される〈できていること〉は専門職からすると不十分なことも多かったり、あまりお世話されている御本人にとって有効でなかったりすることもあります。しかし、それでも私はそのような御家族には十分なOKを出します。

介護は孤独です。家族なんだから当然、と努力や苦労が全く評価されなかったり、御苦労を御友人に話してもわかってもらえなかったりします。「こんなに頑張っているのに」という思いもあるでしょうが、それを大っぴらに「褒めてほしい」「労ってほしい」とも言えないでしょう。そんな時に相談で話を聴いてくれる人が現れました。この人はもしかしたら褒めてくれるかもしれない、わかってくれるかもしれない、という思いからそのような〈できている〉ことを話に差し挟んでいるのかもしれないのです。

頑張っている人には称賛が必要です。御苦労は労われる必要があります。そのような人たちはきちんと認められることが大切です。

ですから、私は十分に言葉をかけるのです。それが御家族の明日への力になると信じているからです。

15 介護サービス未利用者

介護保険の申請をして、要介護認定は受けたものの、介護サービスは使っていない方は少なくありません。認知症関連の講話を地域でさせていただいた際に、軽度の認知症を抱えた奥さんを見守りながら生活している御主人から次のような質問を受けました。

「介護保険の申請はどういう時にしたら良いのですか」


介護保険の申請はいつでもできますし、介護サービスなど、なにか生活のなかで御本人の支えになるものが必要になったら申請すれば良いわけです。ひとまず思い立った今の時点で申請はしておいて、介護サービスが必要になったら利用の手続きをすれば良い、という考えの方もいます。

このような質問を受ける時に大切にしていることは、その質問者が本当に申請のタイミングについて知りたがっているのかを見極めることです。

これまで多くいらしたのは、介護保険申請のタイミングは知識としてはわかっているが、今の自分の伴侶や親御さんにそれが本当に必要なのかと迷っている方、近所の人や医師、病院スタッフなどから申請するように勧められたが、お世話する側としてはまだ大丈夫だと思っている、まだ必要ではないと思っているが勧められたので申請しなければいけないのだろうかと困っている方たちでした。

つまり、まだこの方たちは介護保険の申請をしたくないのです。

ゆえに、ここで大事なのは、すぐにこちらなりの回答をしないことです。

私は二つの質問をお返しすることが多いですが、一つは、「どこかで勧められましたか」と、「あなたはどう思っていますか」です。

多くの場合、質問者はこの二つの質問に応じながら、御自身がすでに持っていた〈申請はまだしなくて良い〉という回答に収束していき、「やはり、それで良いんですよね」と話をまとめられます。

支援をする側が気をつけなければならないのは、こちらが良かれと思うことが、支援を受ける側にとっても同様に良いと受け取られるとは限らないことです。

そして、こちらの何気ないアドバイス一つで、このように揺さぶられてしまう人もいます。支援をする側の言葉はそれほどに影響を与え、時に相談者を困惑させかねないのです。

介護サービスを早くに導入した方が、御本人や御家族の在宅生活の支えになるとしても、「早く介護保険の申請をした方が良いですよ」などと、御本人や御家族が考える前に決めつけたような言い方をすると、相談者側に心理的リアクタンス（他人から考えを押し付けられたり、決めつけられたりすると正しいことにも抵抗したくなる心理）を生じさせてしまい、必要な時期に介護サービスが導入できないということもあるかもしれません。

支援する側はこのようなリスクについて十分に知識を得ておき、急がば回れの対応ができるようにしておくことも必要になるでしょう。

本当に早い段階で支援の手が及ばないと、在宅生活が維持できないような場合もあるでしょう。そのような時もやはり、できる限り御本人や御家族の考えや気持ちに耳を傾け、そこから出された判断に応じることが中長期的な介護生活を考えた時には有意義だと考えます。

と言いますのも、そのように一度しっかり、自分の考えや気持ちを受け止めてもらえた上で、自分で答えを出し、それを行動に移せた人は、次も同様に自分で決めて、行動に移せる可能性が高くなるからです。つまり、これもひとつの自立支援と言えるでしょう。

自分で状況をコントロールできている感覚をもつことは人の精神衛生上、とても大切なことなのです。

やむなく介護サービス導入を先んじてしまった場合には、その後のフォローとして「本当はこうしたかった」「私はこう考えていたのに」など、御本人や御家族の話を十分に聴いていく必要があります。そうでないと、サービスで何か気になることが生じた際にすぐに利用をやめてしまったり、「本当はまだ使いたくなかったのに無理やり介護にさせられた」などの解釈をされて、御本人や御家族との関係がこじれてしまったりといったリスクになりかねないからです。

また、御本人や御家族のためらいに耳を傾ける必要があるのは、一つには彼らが介護保険についてこちらが想像していないような誤解をしている場合があるからです。たとえば「介護保険はとてもお金がかかる」や「介護保険にするとすぐに施設に入れられる」などです。

もう一つの理由は、そのような語りのなかに反映されている、御本人や御家族の介護に対する考えを知るためです。これを介護感と呼ぶことにしましょう。

御本人や御家族の介護感がうっすらとでも把握できてくることで、それに配慮した関わりができるようになるでしょう。そのように関わってもらえた御本人や御家族は、あなたに対して「あぁ、この人は私たちのことをわかってくれている」と少し気持ちの距離を縮めることができ、次のステップへの心のハードルが少し下げられるかもしれません。

第3章 もの忘れ予防教室

1 立ち上げ

第1部「私の履歴書」でも触れましたが、私は大学病院の精神科で軽度認知障害の方々を対象としたデイケアに携わっていました。デイケアでの対象は軽度認知障害や認知症の診断を受けている方でしたが、このような取り組みは診断があろうがなかろうが、多くの高齢者の心身の健康を高め、維持していくことに活かせるだろうことは病院に勤務している頃から感じていました。

地域包括支援センター勤務開始当初は、訪問などの相談業務がほとんどを占めていましたが、数ヶ月経ったある時、所長から「あざみさんがしたいことを企画してよ」と声をかけていただいたのです。

そこで、かねてより考えていたこのもの忘れ予防教室の構想を形にしたいと企画を立てました。これもまた、包括スタッフの皆さんと社会福祉協議会の協力で、計画からほどなく開始に至りました。

2 もの忘れ予防教室とは

もの忘れ予防教室は、参加者の心身機能の維持向上を主な目的として、「頭を使う時間」「身体を動かす時間」「勉強する時間」「その日の活動の振り返り」という流れで、バランスよく心身に刺激を入れられるように構成しました。

さらに言わずもがなですが、教室内で最も大切にしていたのは、〈楽しい会〉にすることであり、その基礎として参加者と私、そして参加者同士のコミュニケーションを大切にすることでした。

3 参加者について

参加者の募集は市報に情報を掲載してもらい、住民に広く募集をかけました。募集要件には「もの忘れが気になる人」とだけ書いておき、どなたでも参加できるようにしました。

参加者は、介護サービスなどをまだ利用しておらず、御自分だけで問題なく生活ができている方が最も多かったのですが、介護保険のデイサービスにも通っている方、すでに認知症の診断を受けている方、心身の能力低下はあるようだがまだ介護サービスという範疇《はんちゅう》ではない方からも応募がありました。もちろん応募してくださった方は全員受け入れました。

それに加えて、包括スタッフが定期的に生活の様子を観察していて、社会交流がもう少し持てることが望まれると考えた方にも、個別に声をかけて、御本人から了承が得られれば参加していただきました。

また、「認知症サポーター養成講座」に参加され、何か地域で役に立ちたいとお考えの方に、ボランティアとして入っていただきました。彼らには、いかにもボランティアという動きはしなくて良いので、積極的に参加者さんに声をかけてもらうことで、主に雰囲気づくりのお手伝いをしてもらいました。

4　狭間《はざま》の方々

参加者の記述の所で少し触れましたが、この教室には、応募してきた方のみでなく、包括スタッフが観察を続けているなかで、少し外に出たり、人との接触があったりしても良いと考える方に、了承をもらって参加してもらうという機能もありました。

まだ大方の心身機能の維持はされているが、低下している面も出てきており、このまま何もしないでいると更なる低下が目に見える方、そのような方々をここでは狭間の方々と呼ばせていただきます。

地域で相談を受けて訪問すると、確かにどこか外に出かけて、他の人たちと交流をもったり、体を動かしたり、家族から離したりした方が良いだろうと思う方が少なくありません。ただ、彼らはまだ心身機能の低下が顕著ではないので、介護サービスのお世話になることは時期尚早とも思えるのです。

そのような狭間の方々の多くは外に出たがらないものです。だからこそ御家族も困って相談に来るわけです。

［狭間の方々の不安］　狭間の方々のなかには、日常生活に支障をきたさない程度に何らかの認知機能低下をきたしている方もいます。彼らはこれまでの習慣のみで生活している分には、今のところあまり不都合が出てきていないのですが、心理検査などを受けると、能力低下が示唆されるであろう、いわゆる軽度認知障害の状態にある方だと考えられます。

このような方は、それを背景にして顕在的、潜在的に不安を持ち始めており、環境を変えるということに抵抗感を抱いているかもしれません。それが御自身の健康のためになるかもしれないとしても、です。

いわゆる健康な人であっても、高齢になってくるほど自分の環境を変えることに抵抗感を持つものです。それに加えて不安があったり、自信が持てなかったりする人が環境の変化に拒否的になることは自然な心の動きでしょう。

さらに言えば、認知機能低下を伴った状態でしばらく外に出ていない人にしてみると、外の世界はもはや想像もできない、自分の生命を脅かされるところくらいのイメージがあるのかもしれません。

ですから自分がきちんと把握できて、安心できている自宅という空間から外に出ることには、命を懸けるかのように激しく抵抗する人もいらっしゃいます。

また、認知機能の低下はさほどないとしても、昔からあまり近所の人たちと交流して馴染んでこなかった方も、御近所の方々が集まるような場所は好まないことがあります。また、介護という言葉がどうしても受け入れられずに、介護保険の申請すらしない方もいます。申請をして要介護認定を受けても、サービスを使わない人も少なくないのが現状です。

ですから、私たち支援側としては、彼らにできるだけ今ある能力を保ってもらいたいという気持ちから、外に出ていくことを勧めたくなるのですが、彼らの心情を想像すると、そう簡単に環境を変えることを提案することははばかられることでもあるわけです。

5　もの忘れ予防教室の枠組み

a　参加人数

定員は二十名ほどに設定しましたが、各クールによってそれに届かない時もあれば、四十名弱集まった時もありました。募集人数より多くても、応募された方はお断りせずにすべて受け入れていました。

b　クール制

教室はクール制で行ないました。一クールの期間は概《おおむ》ね四ヶ月、七回〜八回で行ないました。頻度は隔週に一回で、毎回同じ曜日に実施しました。

参加者は各クール固定制でした。最初から最後まで同じ人たちが顔を合わせる形となっていました。一度一クール教室に参加した人は、次回以降のクールは参加できないことにしていました。できるだけたくさんの市民の方々に門戸を開くためです。

しかし、終了後も継続したいという声がありましたので、教室の卒業生だけが参加できるOB、OG会も立ち上げて、月一回フォローしていました。こちらの会は現在、継続して参加している方々が自主グループとして自分たちで会を運営していこうと動き始めています。

c　交通手段

地方ではどうしても交通の便の問題があります。行きたいのに交通の手段がないから行けない、という状況を作らないため、交通の便のない人はタクシーで送迎をしました。この方法は、後に社会福祉協議会のスタッフさんが送迎してくださるようになって解決しました。

d　時間の設定と配分

実施時間は一回二時間でした。午前十時から十二時という時間帯で行ないました。起床から朝食を取った後、ほど良い時間が経っていますので、お腹が落ち着いており、頭も体も動きやすくなっているであろう時間帯を選びました。この時間帯に活動できることでお腹を空かせることができて、きちんと昼食も食べられる、疲れて食べれば自然に眠くなりますから、少し午睡を取ってまた午後の活動に入るという一日のリズム作りを意識していました。そういう意図があることは、参加者全員に伝えていました。

前半の一時間が頭を使う時間、認知機能のトレーニングでした。休憩を挟んで、後半の一時間は、「筋力トレーニング」と「ストレッチ」を行ないました。

認知機能のトレーニングは、慣れない頭の使い方をする場面もあるので、肩に力が入ります。それを後半に行なうと、肩に力が入ったままの状態で帰宅することにもなりかねません。そのため、後半に運動を行なうことで、心身ともにスッキリした状態で帰宅してもらうようにしていました。

e　プログラムの大枠

【認知機能トレーニング】　前半の一時間の頭を使う時間では、主に「注意力」と「記憶の想起能力」をターゲットとして、課題を構成しました。そこにいくつかの動作を同時に行なういわゆるデュアル・タスク（歩きながら計算するなど）や、いつもとは違うルールで行動するような課題を加えていました。

ここでは詳述しませんが、私が考える〈年齢相応のもの忘れ〉の正体に、この辺りの能力低下が少なからず影響していると考えているからです。

【筋力トレーニングとストレッチ】　後半の一時間の「筋力トレーニング」と「ストレッチ」では、動きが簡単で負荷が少なく、気分がスッキリする程度の運動を実施しました。筋トレ、ストレッチともに自宅でも安全にかつ簡単にできる動きのみを実施しました。

大事にしていたことは、正しい姿勢で身体を動かしてもらうこと、今どこの筋肉を動かしているのかを意識してもらうことと、それが日常生活のどんな場面で活かされているかを知ってもらうことでした。そのため、嫌でない方には私が直接体に触れた状態で動いてもらう場面をもうけました。「これで良いのかな？」

という思いにさせないように、体の動きを修正しながら、はっきりと、「この動きで良いんです」と言える動きができるまでお付き合いしました。

また負荷や工夫はそれほどなくても、効果がその場で見えやすいストレッチをいくつか取り入れました。そのことで、「やれば変わるんだ」という意識を養うことも目指しました。

【勉強の時間】　楽しむばかりではなく、毎回参加者の様子を見ながらタイミングを計って、勉強の時間も取り入れました。そこでは、年齢相応のもの忘れについての説明や、日常生活でのもの忘れ予防法、認知機能や認知症について、などのワンポイント講話を織り交ぜていました。

この勉強とリンクさせるように、どのアクティビティを行なう時も、それを実施することで、どんな認知機能を刺激しているのかと、それが年齢相応のもの忘れにどう関係しているのか、このような活動をすることが皆さんの日常生活にどのように良い効果をもたらすのか、などを説明しました。

そして、認知症関連の話になった時に、やはり御自分や御家族の心配について質問が出ました。そのような質問は、他の参加者の方にも関心のあるところです。ここでは聴くだけではなく、私の立場で、回答できることについてははっきりと回答することにしていました。

【振り返り】　最後に振り返りの時間です。Ａ４のアンケート用紙を配りました。その日にどのようなプログラムを実施したのか、今日はどのくらい楽しめたか、次回までの目標、今日の感想を書いてもらいました。

ほとんどの方が「字なんか書けないから～」とはじめは嫌がります。ところが、回数を重ねてくると、やはり書けるようになってくるので、苦情が減っていきました。

書いていただいた振り返り用紙は、いったん回収しました。そして私が持ち帰って目を通させてもらい、赤ペンでコメントをさせていただいて、次の教室でお返ししていました。自分の感想やコメントに〈先生〉

から返事がもらえるという機会は、学校を卒業すればほぼなくなります。個々人の参加の様子に言及しながらコメントすることが、参加意欲につながってくれればと考えていました。

この用紙を挟んでおけるファイルを、あらかじめ一人一冊お配りしてあります。それに毎回挟んで来てもらうわけです。参加者さん同士でコメントを見せ合ったり、以前のものと見比べたりするので、同じようなコメントにならないようにするのに苦労しました。

f　評価

なお、この教室は、治療でも研究でもないので、私たち側からの評価というものは実施しませんでした。一方で、後で触れますが、評価は参加者さん自らが御自分たちの変化を感じながらされていたと思います。

6　教室は日常生活のため

私が参加者に口を酸っぱくしてお伝えしていることは、「この教室に参加しているだけではもの忘れはなくなりません」ということでした。

たかだか二週間に一度、この教室で心身に刺激を受けただけで、そうそう変わるものではありません。ですから、もう少し付け加えてお伝えするわけです。

「みなさんが、この教室で学んだことを、日常生活に活かしていこうとするその姿勢が、もの忘れを減らしていくのです」ということです。これはかなりしつこくお伝えしていました。

私がどの現場でも高齢者と関わりながら大切にしている観点は、私の対応を彼らの日常生活に、どのように役立てるかということでした。

単に居場所を作って、楽しいプログラムをするというのも悪くありませんが、それは心理職のスタンスとは言えないでしょう。われわれ心理職は、人が生まれてから今まで、そしてこれから、という連続性のなかで捉えています。ですから、その場が良ければそれで良しだけではなく、自分の関わりがその方の人生の流れのなかに一石を投じている、という自覚が必要になるのです。

[日常生活で活かされるのは、トレーニング内容のみならず] このように書くと、自宅でも認知機能のトレーニングや筋力トレーニング、ストレッチを行なうことが大切なように感じる方もいるかもしれませんが、必ずしもそうではありません。私が参加者に伝えていたことは他にもあります。

それは以下のようなことです。

「ここでいろいろなプログラムや他の参加者さんとの交流を楽しめているのだから、ここではない日常生活の場面でも、皆さんには、楽しむ力があるということです」

「皆さんは、このもの忘れ予防教室という新しい活動の場に足を踏み入れることができたんです。それは、この教室以外でも、新しいことに挑戦していく力がある、ということなんです」

参加者の方々は自分たちが持っている能力や感性、好奇心や行動力、そして教室を通して自分たちが精神的に成長していることなどについて、あまり意識していません。それは年齢に関係なく、多くの人に共通していることかもしれません。自分にはどういう能力があるのか、などと言うことにあまり思いを至らせないでしょう。

私はそういうことを積極的に参加者に伝えていました。大学病院で軽度認知障害のデイケアを担当していた時に、患者さんから言われた言葉があります。

「僕たちにはさ、希望が必要なんだよ」

この言葉は、私にとってかなりインパクトがありました。本当にその通りです。自分に可能性も希望もないと思えば、何も努力などしようという気にはなれません。ですから、私は、右のような言葉をことあるごとに投げかけていました。

しかし、このような大げさな言葉を投げかける必要は必ずしもないかもしれません。ちょっとしたことでも、その方が〈できている〉ことをフィードバックしていくことで、その方にとっては希望になるのかもしれないからです。

7 参加者の変化

a 準備や片付け

回数が進んでくると、私たちスタッフと同じくらいの早い時間に会場入りして、椅子を並べてくれたり、ホワイトボードを用意してくれたりする方が出てきます。他にも、振り返り用紙とそれを記入する鉛筆を配布してくださったり、回収してくださったり、それを各テーブルに並べてくださったり、終了したらそれらを元の場所に片付けてくださったりと、スタッフが動かなくても、あっという間に片付けまで済んでしまうようになります。

またこの状況の素晴らしいところは、「みんなでやりましょう」という雰囲気ではないところです。やりたい人はやり、座っていたい人は座ったままです。声の大きい人が参加者に促す、という場面にはならないのです。ですから、仕方なさそうに手伝っている人はいませんし、やらずに申し訳なさそうにしている人もいません。

大体どのクールでも、同じような雰囲気になりました。ですから、役割意識として動いている方はあまりいなかったと思います。やりたいからやっていた、という具合です。大切なのは、その方が、「この教室のために何かやりたい」と思ってくれるようになったことなのです。

b　参加者同士のサポート

参加者はお互いのことを結構観察しています。そして自分と比べているようです。参加者のなかには歩いたり、椅子を動かしたり、振り返り用紙を取りに行ったりするのに少しサポートしてもらった方が助かる方がいます。すると、前項のお手伝いにも通じるのですが、そのような方に手を貸してくださる方が現れるのです。

私たちスタッフが手を出すと目立ってしまうことも、参加者さん同士だと、何だか自然なのです。ですから、手を貸される方も嫌がりませんし、拒否的にもなりません。このようなサポートは、私たちでは難しいかもしれません。

c　日常生活での変化

各クールが終わる時にできるだけ皆さんに、この教室に通うことで御自分のなかに何か変化が起きたかどうか、新しく始めたことがあったか、などを聞くようにしていました。最終日に突然聞くので、すぐに言葉にできない方もいらっしゃるのですが、それでもなかなかどうして、嬉しいことをお話ししてくださる方がいます。

たとえば、できるだけ文字を書くようになった、わからない文字があれば辞書を引くようになった、人の話をボーッと聞かずにメモを取るようになった、背中の痛みがなくなった、膝の痛みがなくなった、自宅で体操するようになった、などです。

年齢は関係ありません。きっかけがあれば、人はいつでも変われるということです。

8　この教室から次のステップへ

最初にお話ししたとおり、この教室には包括スタッフがお誘いして参加してくださった方もいらっしゃいました。まず最初のステップとして、「この教室に来る」ということがあり、その次は、「参加し続ける」ということがあります。しかし、残念ながら、この教室は四ヶ月ほどで終了してしまいます。それで、その後どうしましょうということになります。次のクールに同じ方の参加はできませんので、次の居場所があってほしいわけです。

a　独居男性、Mさんの場合

Mさんは地域のケアマネジャーさんが担当していた方でした。介護度は要支援1であり、自動車の運転もまだされていました。ただ、広い一軒家にお一人暮らしで、震災以降元気がなくなって、趣味でされていたことにも関心が向かなくなっていたのです。

Mさんは、幸いにも教室に通ってくれることになりました。そしていつの間にか毎回一番早く来場するようになりました。教室のあいだは冗談が出るようになり、皆さんを笑わせてくれるようになっていきました。

そのクールが終了する時、こんなに楽しめるのだからOB、OG会にも継続して参加してもらえたら良いな、と私は考えていましたが、彼はそれ以降教室には来ませんでした。

私は勝手に残念がっていたのですが、その後担当するケアマネジャーさんにお会いした時にMさんの様子をお伺いしました。

「あぁ、Mさんは、あの教室で外に出るのが楽しくなったって言って、今はあちこち行きたいところに行っています。足が痛いのも治ったって言ってましたよ」とのことでした。

この方は、理想的な状態で教室を卒業された、と言って良いでしょう。

b　認知症の診断を受けていたBさんの場合

Bさんとは、教室が始まるずっと前からお付き合いがありました。奥さんから認知症の症状のことで御相談を受けていたからです。ひとまずどうしようもなかったので、私が定期的にお宅に訪問して、御本人ともお話ししながら、様子観察を継続していたのです。

Bさんは奥さんへの付きまといの症状があり、奥さんは気が休まる暇がない生活を送っていました。そんな時にこの教室を始めることになったので、思い切ってBさんをお誘いしたのです。難しいかなと思いましたが、意外にすんなりと御参加いただけました。そして最後まで継続して通ってもらえました。ただし、奥さんと離れるのは難しかったので、毎回奥さんも御一緒の参加でした。

そしてこの教室にまずは地域包括支援センターのケアマネジャーさんを呼んで、奥さんと介護保険の申請手続きをしていただきました。出された結果は、要介護1でした。地域包括支援センターでは担当できなかったため、地域の元気な男性ケアマネジャーさんに担当をお願いすることになりました。彼はセミプロレベルでマラソンを走るスポーツマンです。その爽やかさがBさんに好印象だったのか、すぐに受け入れられました。そして彼も根気強くBさんにお付き合いしてくれた結果、教室の終了と同じタイミングでデイサービスに行く話をまとめられたのです。

結局、そのデイサービスは長くは続けられなかったのですが、それでもこのようなステップになる場があることが大切な例と言えるのではないでしょうか。

c　難病を抱えるEさんの奥さんの場合

Eさんは体が動かしにくくなったり、言葉が出にくくなったりする難病を抱えている方でした。いつも奥さんと一緒に参加してくださいました。なかなか他の参加者のようにはできないのですが、それでも体調を見ながら、できる部分は取り組んでくださり、時には冗談を言って、私たちを笑わせてくれたりしました。

Eさんはすでに医療機関にもかかっていらっしゃいましたし、必要な介護サービスも利用していました。ここで私が大事だと感じたことは、いつも御一緒の奥さんの存在でした。奥さんはいつも申し訳なさそうにしていらっしゃり、時々私や包括スタッフに、生活のなかでの御苦労を話してくださいました。それでもEさんがプログラムに楽しそうに取り組んでいる姿や冗談を言っている表情などを御覧になって、「主人も楽しんでいるみたいで、ありがとうございます」などと私たちに声をかけてくださいました。

奥さんなりに何か感じるものがあったのではないでしょうか。この教室に通い、Eさんの楽しそうな様子を御覧になることが、この奥さんにとっては明日への希望になっていたのではないか、そう思いました。

9　今は〈予防〉ばかり……

はじめにお断りしておきますが、認知症になりたくない、これ以上もの忘れを進めたくないと思っている人たちが、それらを予防するためにたくさんの努力や生活の工夫をすることは良いことだと思っています。ただし、それをしていくことが心理的な負担にならないのであれば、という条件付きで、です。

多くの人のそういう機運もあって、テレビや雑誌などのマスメディアでは〈認知症の予防にはこれ!〉のような情報が多くあります。

過剰なこの〈認知症予防〉の流れに対して寸評して、この章を終わりたいと思います。

a　情報過多――誰が精査をするのか

既にお話ししたとおり、現在は認知症やその予防に関する多くの情報が流れています。情報が発信されること自体は悪いことでも何でもありません。しかし、この大量の情報のなかから、自分にとって大切だと思えるものを高齢者の方々がきちんと選べるでしょうか。もちろん、仕事などで情報を扱いなれている方もいらっしゃるかもしれませんし、情報収集が好きな方もいらっしゃるでしょう。

一方ではそうでない方もいらっしゃいます。しかもこの御時世ではフェイク・ニュースなるものまで出回っているのです。情報を精査して自分に必要なものを選び出すことは、若い方でも大変なことです。

とはいえ、現状がそのような状態なので、大切なことは以下のことです。この膨大な情報のなかから信頼性の高いもの、住民の皆さんの役に立ちそうなものを精査して、住民の人々が理解できる、そして必要ならば日常生活に取り入れて行けるような形で情報を提供できる人間が必要なのではないかということです。

b　予防できないことが悪いこととならないように

これだけ世間が認知症の予防を重要視していると、ともすると認知症を予防できなかったことが、「悪いこと」という認識になりはしないかという心配が出てきています。今でさえ認知症へのさまざまな偏見があるなかで、そこにさらに良くない意味合いが加わってしまうことはまったく望ましくありません。

認知症を予防することも大切ですが、認知症という状態がとても広い概念であり、最初期から進行していくなかでさまざまな生き方があり、必ずしも絶望的にならずに生きていくことも可能であり、そのように生きている人もたくさんいるということ、このことは伝えていかなければならないでしょう。

c　「予防」ばかりではつらい人がいる

大学病院でデイケアをしていた時に、ある御家族から言われた言葉が、私の心に残っています。

「うちの夫はもう認知症なんです。診断を受けているんです。あまり予防、予防と言われるとつらいんです」

そこのデイケアは、軽度認知障害から先へ進ませない、まさに医療機関で行なう認知症予防の最前線でした。多くの患者さんや御家族が藁《わら》にもすがる思いでたどり着いた場所でした。ですから、患者さんや御家族のなかでも「どうしたら予防できるか」「これ以上進まないためにはどうしたら良いのか」ということが話題として上がることが多いわけです。

これだけ世間が認知症の予防に躍起になっている状況を見て、すでに認知症を抱えている人やその御家族はどんな思いでいるのでしょうか。そのようなテレビ番組が流れていたり、雑誌が並んでいたり、街で人々がそのような話をしているのを耳にしたりした時、彼らはどう感じるでしょうか。

先述のように、認知症の予防を考えたり、それに取り組んだりするのは良いことだと思います。予防することに固執し過ぎて、認知症にならないためだけの人生になってしまったら行き過ぎですが、基本的には認知症の予防という考え方には賛成です。

新しく厚生労働省から示された認知症大綱では、「予防」を「認知症にならない」という意味ではなく、

「認知症になるのを遅らせる」「認知症になっても進行を緩《ゆる》やかにする」と定義されました。しかし、そうであっても、そのように《予防》ばかりの掛け声ではつらい人たちが身の回りにいるということを覚えておいてもらいたいのです。これだけはお伝えしておきたいです。

第4章 地域住民への講話活動

地域住民の方々からの御依頼で、包括スタッフが地域の高齢者の集まりに赴《おもむ》き健康講話をすることは、S市の地域包括支援センターではすでに行なわれていました。たとえば、保健師さんが高血圧や糖尿病の予防や管理などについてお話に行ったり、社会福祉士さんが成年後見制度など権利擁護のお話をしたりというものです。

そこにたまたま、認知症についての話が聞きたいという御依頼があったため、所長から「あざみさん、お願い」ということになりました。

後の章で触れますが、私は入職当初から「専門は認知症です」と周囲に明示し続けていましたので、すんなりとこちらに話が流れて来たわけです。

1　どんな場所で講話をするのか

S市には〈地区センター〉という住民の寄り合い場所がたくさんあります。公民館をもっとコンパクトにしたイメージでしょうか（公民館も自治体によって大きさはまちまちですが）。講話をする会場のほとんどはこの地区センターでした。

この地区センターの一番具合の良いところは、多くの住民の徒歩圏内にあるということです。すなわち、自動車や自転車に乗ることができない方でも、歩いて行くことができるのです。

2 どんな方々を対象に話すのか

対象になるのは、基本的に地域在住の高齢者です。高齢者の方々も地域でさまざまな活動をしていらっしゃいます。

社会福祉協議会や地域のボランティアさんがお手伝いしてお茶飲みや運動、レクリエーションなどを実施していた〈お茶っこ〉サロン、婦人会、S市の各地で行なわれていた百歳体操という住民主導の体操教室などが主な対象でした。

その他には、ケアマネジャーさんのネットワーク会議、民生委員・児童委員さんの協議会、認知症サポーター養成講座を受講された方のさらなる学びの場として、地域包括支援センターが実施していた認知症サポーター・スキルアップ講座、認知症カフェ、などで講話の機会をいただいていました。

3 どんな内容を話すのか

講話の内容は対象によって少しずつ変えていました。詳細は省きますが、住民の皆さんへの講話内容の大枠は、以下のようなものです。

・「年齢相応のもの忘れの正体とは?」

・「認知症の予備軍といわれる軽度認知障害とは？」
・「そもそも認知症とは何か？」
・「あなたの忘れ方と認知症の忘れ方の違い」
・「認知症の予防は可能か？」

少し突っ込んだお話をする時には、以下のようなテーマも盛り込んだりしました。

・「認知症への偏見の根源とその自覚の重要性」
・「認知症をオープンにできる地域が安心な地域」
・「オープンにできるためにみなさんに期待すること」

4　どんなことに気をつけていたのか

◉講話の前の雑談

私は講話が始まる前に参加者と雑談することを重要視しており、それには二つの目的がありました。

【情報収集】　このような講話では、テーマが「認知症」だとしても、そのなかで何を知りたいのかは参加者によってさまざまです。それらにすべて応えられるような話をすることは不可能でしょう。しかし、参加者がその講話に何を期待して来たのかを知ることは大切だと考えています。

講話が始まるよりもだいぶ余裕を持って会場に入る方は、学ぶことに意欲的かもしくは認知症への心配があるかなどモチベーションの高い方が多くいます（暇だったから早く来たという方もいますが）。

私はこのような方と雑談をしながら、「今日はどんなことを聞きたいと思って来たのか」「何を期待して来たのか」などを聞いて回るのです。そうすることで、それ以降の講話において、学びたい、知りたいと思っている方々の意に沿った内容を検討することができるようになります。

時にはその雑談で出された内容について、その講話のなかで触れることもありました。自分の話したことがその場ですぐに生かされることはそれだけでも嬉しいことです。これは高齢者に限ったことではありません。元々意欲の高い人であれば、さらに学びの意欲が高まるのではないでしょうか。

［聴く準備を高めてもらう］　自分がよく知らない人から四角四面の情報提供を受けたところでそれは頭に入ってこないでしょう。しかも私は医師でも大学の先生でもなければ、専門的な研究所の研究員でもありません。講師の肩書によって納得度が高まる人もいますので、参加者にとっては、話すのはどんな人なのか、ということは私たちが考えるよりも重要なことのように思います。

しかし、私には大層な肩書はありません。私に残された道は、参加者にとって〈良い人〉になることでした。「この人が何者かはよくわからないけれど、とにかく良い人そうだから話を聴いてみよう」という具合です。

特に後ろの方の席で腕組みしている男性参加者のところには、時間がなくても御挨拶にだけは行くようにしていました。こちらはS市の地域にあって新参者の若造です。そのような者に対して、男性陣は少し構えの雰囲気を見せていることが少なくありません。構えがあると、私が何を話しても批判的に受け取られてしまうリスクになりかねません。せっかく私の講話に足を運んでいただいたのに、それではもったいないと思うわけです。それなので、この土地で長く生きてこられた方、昔ながらの礼儀を重んじる方、特に男性陣にはこのような関わりは必須だと考えていました。

講話において重要なのは、私が話をすることではなく、それを聴いた方々がほんの少しでも良いので、御自分の生活が豊かになるヒントを得てもらうことだと考えていました。そのためには、しっかり話を聴いてもらう必要があります。その準備を最初の段階で少しでも整えておくことは、講師の役割だと考えていました。

◉自己紹介をしっかり

右記にもつながりますが、私は少し自己紹介を長めにとりました。自分の名前の由来や出身地、簡単な学歴や職歴などもお話ししました。

さきほどと同様ですが、参加者にとって私は、「この人は何者なんだろう?」という存在です。「臨床心理士です」と言ったところでピンとこないでしょうし、話の初めから自分がわからないことを言われると、何だかそれだけで少し不愉快な気がします。

余計な思考をせずに講話を聴いていただくための準備として、この少し丁寧な自己紹介も大切だと考えていたのです。

◉参加者が聞こえる大きな声で

これは本当に重要です。

私が各地で講話を重ねるなかで、最も参加者から褒《ほ》めてもらえることは、「あんたの声は大きいから、はっきり聞こえて良かったよ」ということでした。

こんなことで褒められるのですから、普段の生活や他の方との会話などでも「よく聞こえない」と思っている場面が多いということなのかもしれません。わざわざそのように言ってきてくださるのですから、きちんと聞こえて、言われていることがわかったという体験が、この方にとっては嬉しいことだったのかもしれません。

つまり、私たちが参加者に聞こえるような声でお話をしただけで、それは彼らにとっての〈できた〉という体験を提供することになるわけです。翻《ひるがえ》ってみれば、私たちが参加者に聞こえにくい話し方をすれば、それはすなわち彼らに〈できなかった〉と思わせ、それが「聞こえないから私は駄目だ」という思いにもさせてしまいかねないということなのです。大きな声を出すことが恥ずかしいと思わない性格で良かったと思います。

◉はっきり見える文字の大きさで

これも聞こえると同様、高齢の参加者にとって見えるということは本当に大切です。それだけで、講話への集中力が大きく左右されるのです。講話のはじめに、「あぁ、この人の声は聞こえないわ」「あぁ、あんな文字じゃ見えないよ」と思われてしまうと、おそらくその講話はもうほとんど聴いてもらえません。

地域の講話では、地区センターにあるホワイトボードを使わせてもらっていました。そこに説明したい言葉を大きく書いて、その文字に参加者の注意がしっかり向けられるように配慮していました。パソコンとプロジェクターでプレゼンテーションすることもできましたが、文字の大きさの調整をその場で臨機応変にするのが大変なので、それらはあまり用いませんでした。

◉講話というよりも対話

パソコンなどを用いなかったもう一つの理由は型通りの話をしたくないからです。ストーリーを立てて資料を準備していくと、そのストーリーに沿って説明したくなります。しかし、それが参加者の知りたいことではないかもしれませんし、途中で質問などが出て話の流れが止まったり、変わったりすることもあります。当初の予定と違ってきた時に、まず私が動揺したくないのと、早く元の流れに戻したくて大切なその質問の回答を適当にしてしまうというリスクを避けたいということもあります。

それなので、話の大枠は右に述べたように考えては行きますが、途中で参加者に、「ということなんですが、どう思いますか」「何かここまでで思い当たることがありますか」などと話を振ったりします。そこで出された言葉から、また次の流れを作っていくなど、参加者と対話をしながらその場の雰囲気を作っていくわけです。

そうすることで、他の参加者も「あぁ、何を質問しても良いんだ」「じゃあ、こういう場合はどうなんだろう?」など、単に受動的に講話を聞くだけではなく、実際に質問はしなくても参加態度として主体的になってもらえ、それが今後の学びへの意欲になったり、普段の生活にはない思考をしたことで知的満足感を得ることにも繋がるのではないかと考えていました。それは〈楽しい〉という体験だと思います。

◉講話で参加者の意識も行動も変わらなくてよい

私の講話で住民の皆さんの意識や行動に変化が起こる必要はないと思っています(もちろん起きてくれれば嬉しいですが)。多くの方にとってこれまでしていなかった意識を生活のなかで持つようになり、ほんの少しでもいつもと違う行動を取り始めるという変化は、容易に起きることでないことはよくわかっているからです。

ですから、私の講話は、次に同じような話を聴いた時に、「あぁ、そう言えば、あの時も同じようなことを聞いたな。やっぱりこれは自分にとって良いことなのかもしれないな。少しやってみようかしら」と思ってもらえるような、プライミング効果の先行刺激になるくらいで良いのかもしれません。

プライミング効果とは、同じ情報を聞くにしても、以前にその情報を聞いたことがあると、今回その情報を理解する時に影響が出るという効果のことを言います。

また、あまりこちらが気張り過ぎて、なんとか皆さんの意識を変えたいなどと思っていると、話をする内容も態度も、何だか押し付けがましくなってしまうかもしれません。押し付けられた考えに対して心理的に反発してしまうことは心理学的に一般的なことなので、このあたりは注意が必要かもしれません。

◉少し軽めに話をする

認知症というテーマは多くの方にとって深刻な問題です。地域住民の皆さんもそれは重々承知です。ですから、講話のなかでそれをまた繰り返し、「深刻な問題なんです！」ということは、不用意に参加者の不安を煽《あお》ることになる可能性があります。敢えてそこに触れることで、参加者の学習意欲を高めることを狙《ねら》うという考え方もあるのかもしれませんが、心の専門家の私がそのように半ば脅《おど》しのような情報提供をすることはありえません。また、深刻なんだと思えば思うほど怖くなって、その問題に直面したくなくて、心配なことが出てきても相談できない方が出てきてしまうかもしれません。

そういう考えもあったので、私は場面によっては冗談を交えながら、気軽に聴けて、気軽に質問もできるような雰囲気づくりを意識していました。

◉どうしたって個人的な質問にもなる

このような講話は一般的な情報を提供する場なのですが、それでも最後の質疑応答の時間になると待ってましたとばかりに現在の介護のことについてだったり、御近所やお友だちなどに気になる人がいたりと個別性の高い質問を受ける時があります。「こういう場合はどうしたら良いのでしょうか」「こういう人にはどう言ったら良いのでしょうか」などです。

それらについて、まだ終了までに時間がある時はしっかり聴くようにしています。もう終了しなければならない時は一度講話自体は終わりにしてから個別にお話を聴くようにしています。

個別性の高い質問を他の参加者の前でお話ししていただく理由は、誰かが抱えている悩みは他の誰かも抱えているかもしれないからです。「あぁ、そういうことで悩んでいる人が他にもいたんだ」と思えることはそれ自体が安心感につながります。「私だけではないんだ」ということです。

また、他の参加者が「へぇ、そういうことで悩んでいる人がいるんだ」と思えると、認知症に関する視野が少し広がるのではないかと考えてもいたためです。私が知識として認知症を抱える人やその御家族のお気持ちの在り方についてお話しするよりも当事者の方の生の声の方が説得力があります。講話を聴いて漠然としたイメージができていたものが、はっきりと現実につながるわけです。

その場面ではやはり私の対応は聴くだけです。一期一会の一発勝負かもしれないからとアドバイスを安易にしませんでした。しかし、当時は私自身が地域包括支援センターのスタッフでしたから、終了後に個別に詳しくお話を聴いて、包括スタッフと情報をシェアしてから、後日訪問して改めてお話を聴くなどの対応を取っていました。

医療機関にお勤めの心理職の方が地域から講演を依頼され、このような質問を受ける場面もあるかと思います。ぜひ、地域包括支援センターとのパイプをつくっておき、スムーズに地域での対応に移行できるようにしておくことをお勧めします。

◉何度も聞きに来る人

［講話に来る、ということ自体に自分なりの意義をもっている人］　いろいろな場所で講話活動をしている

と、何度も足を運んでくださる方が出てきます。

そのなかのお一人に「もう何回も聴いてもらっているから大体のことは覚えてしまったんじゃないですか」と聞いてみたことがありました。すると「まあ、そうなんだけどね」と苦笑いして、あまりそれ以上はお話しになりませんでした。この方はすでに御自分の奥さんの介護を長くされている方でした。

何度も講話に顔を出される理由は結局わかりませんでしたが、とにかくその方にとっては、その場に来るということ自体に何らかの意義があったのでしょう。それをわかってか、包括スタッフもその方の顔を見れば声をかけてお話ししていました。


【怖いものからは離れられない人】 若者より高齢者が認知症に関心を寄せるのはなぜでしょうか。高齢者の方が不安を抱くのはなぜでしょうか。それは認知症を他人事だと思っていないからでしょう。

若年性認知症という存在が知られるようになってきたとはいえ、やはり一般的には認知症は高齢者に起きるものという認識でしょうし、実際に御自身のもの忘れを残念な気持ちや悔しさなどとともに体験している方も多いと思います。そういうことから、認知症を御自分のこととして考えているからこその関心や不安なのだと思われます。

一般的に人は安心感を得られない状況では、対象となるものが物理的なものであろうが、精神的なものであろうが、上手に距離を取れなくなります。安心して離れられなくなるのです。子供の発達で見られることですが、母子関係においてきちんと愛着の形成ができていない子供は、母親を安全基地として離れていくのに時間がかかります。

認知症という何物かに対して一度抱いてしまった不安。それについて安心感を得られないうちはいつまでも認知症という何物かから離れることができなくなるという方がいるのではないかと考えています。

何度も講話に参加して認知症の説明を聞き、「まだこういう忘れ方はしていないから私は大丈夫」「こんな症状はないからうちの人は認知症じゃない」など、「自分は違うんだ」という安心感を得たがっている人は少なくない気がしています。前述のように、講話が始まる前に席について待っている方から、今日どんな話を聴きたくて来たのかをうかがうと、「自分はどうなのか、大丈夫なのか、と思って来ました」というような発言は非常に多いのです。

しかし、この問題については、老化は進んでいくので、いつまでたっても大丈夫という確証が得られるものではないため、いつまでも不安が継続してしまうのではないかと考えていました。

認知症の啓発において時々聞く言葉に「認知症はこれからは誰でもなる時代です。だから自分の事として考えましょう」というものがあります。認知症の問題を我が事として考え、予防に努めてもらいたいということでしょう。ですが既述のように、認知症になりたい人など誰一人としていないのに、「いえいえ、あなたもいずれ認知症になるかもしれないのだから一緒に考えましょうよ」と言われても「はい、そうですか」と簡単に言えるものではない気がしますが、いかがでしょうか。

誰でもなるんですよ、と言われても、自分だけはなりたくないと考えるのが人情でしょう。

◉講話などに「出て来ない人」

少し講話の内容とは話が逸れます。

講話などで地域活動の場に足を運ぶと、そこで時々話題になるのは、「こういう所に出て来られる人は良いんだよね。問題は出て来ない人なんだ。さっぱり出て来ない人もいるから心配で」ということです。

まず、この話題に対して多くの方が考えるのは、「出て来ない人が出て来るためには、どうしたら良いのか」という問題解決に向かう方向です。しかし、それを聞いて私が気になるのは、そういう人たちが「なぜ出て来ないのか」「出て来られなくなるようなことがあったのか」という問題となっていることの原因です。

たとえば地域のリーダー的な方で、〈お茶っこ〉サロンや体操教室のまとめ役になっている方なども、「なぜ出て来ないのか」という原因について考えないわけではないでしょう。しかし、それは御本人に聞いてみなければわかりません。出て来ない方のことはよくわからないので訪問する際の不安もあります。「それじゃあ、理由を聞きに行ってみよう」というわけにもいかないのです。ですから、何とかしたいという思いがあっても、次の手を行動に移すことが難しいため、「どうしたら良いのか」という思考で堂々巡りしてしまっているようにも見えました。

それで、この「出て来ない人」が明確になっていた時には、包括スタッフや私が訪問してお話を聴き、地域活動への参加に繋がったというケースもありました。

震災直後の支援活動をさせていただいていた時も、ボランティアの方々が「出て来ない人」への心配を口にしていました。当時は私も同様に思っていたものですが、地域で活動するようになってから考えが変わってきました。

つまり、「出て来ない人」は出て来ないといけないのか、ということです。私たちの訪問と対応で地域の活動に参加するようになった方もいらっしゃったのですが、それがその方にとって良かったのかどうかはよくわかりません。一時的にはその活動に参加できても、また行かなくなってしまう人もいるからです。

彼らの多くは、自分の意思で地域活動に参加していませんでした。そして、自分の意思で行くのをやめたのでしょう。地域活動に参加していることが、必ずしも良いことずくめではありません。それを良いとするかどうかは、その人次第です。

やはり私たちにできることは、御本人の声に真摯に耳を傾けることなのです。

◉なぜ認知症の忘れ方を伝えるのか

内容のところに書きましたが、私は講話のなかで、認知症を抱える人が日常生活のなかで呈する症状について積極的に伝えることにしていました。

その目的は、もちろん「きちんと健康管理をしていかないとこうなるかもしれない」というように脅かすことではありません。大きく二つ目的があります。

〔安心してもらう〕　一つ目は、そのような情報提供をすることで、「私はまだそういう状態ではないから大丈夫そうだ」という安心感を持ってもらう、ということです。前述のように、「私は大丈夫なのか」という心配を抱えてきている人が多いのであれば、そこにまずアプローチすることが大切だと考えているのです。もちろんあまり無責任にならないように、はっきりしたことは専門医にかかって診断を受ける必要があることは伝えます。

「大丈夫そうだ」という安心感が得られた人は、認知症という不安を皆無にすることはできなくても、少し心理的な距離が取れるようになるでしょう。そのような安心感の提供が、彼らの日常生活をわずかでも穏やかにしてくれることを目指しているのです。

〔地域の〈良き目《め》〉となってもらう〕　二つ目は、認知症を抱える人たちが呈する症状について解説する時に口を酸っぱくして言うことです。

「皆さんにこのようなことをお伝えするのは、地域で認知症の人を見つけて後ろ指をさすためではありません。そういう方がいらしたら、何もしなくても良いので心配してほしいからです。少し余裕がある方には、地域包括支援センターに御相談してほしいからです」ということでした。つまり地域の〈良き目《め》〉になってもらうためです。

このような方々の存在が今後の地域においては大きな人的資産です。認知症の早期発見と早期対応、そして誰もが自分の地域で安心して生活していくという目標を達成していくためには必要な存在となっていくでしょう。

5　啓発について

認知症の啓発という言葉はよく目にします。そこでこの《啓発》という言葉の語源について調べてみました。あまり詳しくはここでは書きませんが、どうやら孔子の『論語』に遡《さかのぼ》るようです。

孔子の教えをかなりコンパクトに要約すると、孔子は、「本気でない人には教えない」と言っているようです。それは一見厳しいようですが、厳しさというよりもそのような心持ちで、覚悟して臨めない人には、学ぶということは困難だと知っていたからではないでしょうか。

では、我々が対象としている地域住民の皆さんは、そんなに本気で認知症について知りたいのでしょうか。認知症の原因疾患にはどんなものがあって、中核症状にはどのような種類があって、認知症の心理面や行動面の症状、いわゆるＢＰＳＤとは何なのかなどを知りたいのでしょうか。そういう方はほとんどいないと私は思います。

それを示唆する質問があります。地域でしばしば出る、「どこからが認知症で、どこまでが年齢によるものなのでしょうか」というものです。その質問が出ると、参加者の多くが頷《うなず》いてみせます。ということは、この問いに皆さんが関心を持っているということです。

おそらくこれは、「ここからが認知症です」という事柄を聞き、「それはまだ自分には心当たりがないから大丈夫だ」という安心感を得ることが目的になっているのではないでしょうか。

認知症への大きな不安を抱えた人々に、「認知症になっても安心」などという言葉が入っていくわけがないと思いませんか。少なくとも私はそう思います。

そもそも啓発するこちら側は本気なのでしょうか。それらをきちんと理解しているでしょうか。何のために地域住民の皆さんに認知症に関する情報提供をしているのか、という目的意識が明確になっているでしょうか。「認知症を理解する」ということが一体何を意味しているのかが具体的にイメージできているでしょうか。住民が知りたい内容と知りたい目的と情報提供側のそれらには、必ずどこかでずれが生じるということを意識できているでしょうか。

こちら側から伝えたいこともあるでしょうが、やはり地域住民が何を知りたいのか、何に関心を持ち、何を心配しているのかなどについて、しっかりと彼らの声を聴くところから始めるべきなのだと思います。

地域住民の皆さんへの啓発を考える前に、まずは啓発する側が啓発の目的意識を明確にし、本気で認知症の啓発について考えていく必要があるでしょう。

◉お伝えするメッセージ

［現状で十分］　講話のなかでさまざまな情報を提供しますが、一番のメッセージとして伝えることは、「今のあなたの生活で十分ですよ」ということです。

繰り返しになります、まずは地域住民の皆さんに安心感を持ってもらう、ということが私にとっての第一義です。

それなので、基本は、「今のあなたの生活でＯＫですよ」「特別何か変わる必要はありません」ということを伝えるのです。そこに加えて、先ほどの認知症に関する安心感も提供することで、それが参加者の心のゆとりになり、それが彼らの安心で豊かな日常生活に繋がり、認知症への偏見の緩和に役立ってくれないかという期待をしています。

［今のこの集まりがどれだけ良いことなのか］　また、認知症の予防云々のところで、人との関わりやコ

ミュニケーションを多く取れると良いかもしれない、というようなことをお伝えする時は、今、参加者の皆さんが所属しているこの集まりにこれからも通ってくることが大切なのですと伝えるということです。

このようなメッセージを送ることで、それまで漫然と参加していた集まりに対して、また違った視点や、その集まりのありがたさなどを感じてもらえれば、その方の地域活動への参加意欲が保たれるのではないかと期待しています。

［楽しい人生］　認知症になるかどうかは死ぬまで誰にもわかりません。認知症のことが心配かもしれませんが、そこにこだわり過ぎていると、死ぬまで心配し続けなければならないのです。認知症にならないために運動をして、認知症にならないためにバランスよく食事をして、認知症にならないために地域活動への参加を続けるというのは、いかにも苦しく感じます。そんな人生は全く楽しくありません。

ですから、私が講話の最後にお伝えするのは、御自分が楽しいと思うことをいろいろやって欲しいということです。楽しいことなら集中もするし、覚えようともする。人付き合いも生まれるでしょうし、その場に行くために体も動かすでしょう。頭も体もきちんと疲れればお腹が空くし、疲れて食べれば自然に眠くなるのです。楽しいことがあるとそれが起点となり、生活に良いリズムができてくるのではないでしょうか。

最近講話の御依頼をいただく時によく言われるのは、次のことです。

「楽しいお話をお願いします」

第5章
若年性認知症の方と御家族の集い「ほっとする会」

◉立ち上げの経緯

私が地域包括支援センターに勤め始めた頃、S市には若年性認知症の方への社会資源はあまりありませんでした。介護保険のデイサービスで受け入れたり、市の保健師さんが個別に訪問したりなどが主で、御本人や御家族が集まる場はありませんでした。

私は地域で数名の若年性認知症の方とその御家族にお会いし、別々に訪問してお話を聴くということしかしていませんでした。ある時、そのなかのお一人の御家族から、「市内にも同じように若い人で病気になっている人がいるんでしょうか。他の人はどうしているんでしょう?」という話をされました。

若い人だけで集まれる場所があったら良いのだろうという考えは以前からあったのですが、それを形にするまでには至っていませんでした。まずは他の地域で同じように若い人に特化した活動をしている場を見てみたいということで、別の自治体で長く続いている若年性認知症の方と家族の会を見学させていただきました。そこでは、想像をはるかに超えた人数の方が参加されて活動されており、圧倒されたのを覚えています。

そこで世話役をしていた方から、「必要だと思うなら、すぐにでもやってみたらどう?」と背中を押していただき、それではと、すぐに若年性認知症の人とその御家族の集いの場を立ち上げることにしました。それが今の《ほっとする会》です。

これもセンターの所長をはじめ、スタッフのみなさんの本当に寛容な御理解があってこそ、でした。というのも、若い世代の方に集まってもらうので、御家族のなかにお仕事をされている方もいることを考えると、平日よりも週末の方が良いだろうということで、土曜日に実施することになりました。そこに私以外のスタッフの方にも参加していただくことになったからです。

《ほっとする会》という名前は、参加者の方から、「ここに来るとほっとするから、ほっとする会は？」という御提案があったので、その時に参加したメンバーで、そうしようとすぐに決まりました。

◉現在の《ほっとする会》

現在の《ほっとする会》は私が地域包括支援センターのスタッフではなくなったので、市の事業からは外れていて、私と友人のケアマネジャーさん二人に手伝ってもらいながら、ボランティアという形で続けています。

毎月一回、土曜日の十時～十二時の時間で、社会福祉協議会の建物の集会室をお借りして実施しています。参加の年齢条件は、病気に気づいたもしくは診断を受けたのが七十歳未満であれば、現在の年齢は問わないことにしています。本来、若年性認知症というと六十五歳未満になりますが、少し範囲を広げてあります。

参加費は、お茶代を一人百円申し受けています。お菓子や野菜などの現物支給も歓迎しています。

席の配置は、テーブルを囲んで、みなさんの顔が見えるようにしてあります。

開始当初の内容は、お茶やコーヒーを飲みながら、ここ一ヶ月の近況報告を一人ずつ話してもらい、その後ストレッチ、御自分の伴侶以外の人の肩揉みやハンドマッサージを行ない、お茶を入れ直して一息ついたら、当事者と御家族で部屋を分けてお話をする、という形式で行なっていました。最近はみなさんお話ししたいことが多いので、形式にこだわらず、お話の時間を長く取っています。

有り難いことに、私の仕事仲間の御夫婦が二人で音楽をされているので、何度か無償でステージを開いてくださることもありました。春になると近くの公園にお花見に行ったりもします。

参加人数については、友人のケアマネジャーさんも毎回お二人が参加できるわけではないので、それを合わせても大体五、六名、多くて八名くらいで実施しています。時折新しく参加してくださる御家族もいらっしゃいます。新しい方は地域包括支援センターからの紹介や、手伝ってくれているケアマネジャーさんの御紹介です。ただ、まだ仕事をされている御家族が多いので、なかなか定着して参加というのは難しい方が多いのが現状です。

◉若年性認知症

「若年性認知症」という言葉は、六十五歳未満での認知症診断の際に用いられます。

認知症と診断をされる時、その条件の一つとして、一度正常に知的機能が発達した人ということがあるので、理論上は十八歳頃から認知症と診断を受ける可能性があります。若年性認知症という言葉は、主に行政や福祉の分野で多く使われており、医学的には十八歳〜三十九歳までが若年期認知症、四十歳から六十五歳までが初老期認知症と呼ばれることもあります。

統計上の割合では、男性の方が女性よりも多く、働き盛りに発症することもあるため、仕事が続けられなくなり、経済面の問題がすぐに表面化しやすく、また子供さんが小さかったり、多感な時期だったりすると、どのように伝えるかなども重要な問題になります。

◉若い人の場と高齢の人の場を分ける理由

《ほっとする会》が始まる以前にも、S市には認知症の御家族の集まりがすでにありました。そこには当事者の方も参加できますし、若年の方も参加できます。

それではなぜ高齢で認知症を抱えた人たちの会と、若年性認知症の人たちの会を分ける必要があるのでしょうか。現在では、若年性認知症という概念が随分と知られるようになったこともあり、高齢の方々と集いの場を分けることは一般的になってきていますが、それを分ける理由、必要性についてはみなさんはどうお考えでしょうか。

若年発症の場合は、就労や経済的な問題、子供への説明、気づきの遅れや、周囲の理解の難しさ、身体機能と認知機能の乖離《かいり》が大きく、認知症による心理面、行動面の症状、いわゆるＢＰＳＤ（Behavioral and Psychological Symptoms of Dementia）が激しく出てしまう、社会資源が少なく居場所がないが、妻が働きに出ないといけないので日中の過ごし方が難しい、親御さんが介護にあたる際は体力的に負担が大きくなる、など若い時期に特有のさまざまな問題があります。

そうであっても、高齢であろうが若年であろうが、自分たちの困っていることをお話ししたり、情報共有したりしながら、参加者みんなで心身のサポートをしていけば良いように思える面もあります。

◉高齢の人と私たちは違う

この点に関して私がこれまでさまざまな場面で関わりながら感じたのは、若年性認知症の方と特にその御家族は「自分たちは高齢の方たちとは違う」という認識でいる人が少なくないということです。

何が違うのかという観点はその人によって考えが違いますし、漠然と違うと思っているが何が違うのかと聞かれたら、若い、くらいしか出てこない人もいます。

しかし、その違いが何かが重要ではないのです。「自分たちは違うんだ」という彼らのその気持ちが重要だと考えています。

高齢発症の認知症と若年性認知症は違うものなのかと問われたら、それはよくわかりません。同じもの、違うものとする観点もさまざまです。同じ面もあれば違う面もあるでしょうし、認識の仕方はやはりその人次第という面もあります。高齢者同士でも「あの人とうちの人は違う」と話す方はいますし、若年の方同士でも同様です。《ほっとする会》にいつもいらしてくださる御家族の伴侶は皆さん、病状も重症度もさまざまです。

それでも、「若い」という共通点が参加者に仲間意識を持たせている部分は多々あると感じています。

そして、私たち心理職にとって大切なことは、「私とあの人は違う」「うちの人はあの人とは違う」という言葉の背景にある一人一人のお話にしっかり耳を傾けていくことなのだと思います。

◉同意と承認の積み重ねによる安心感

御家族がお話しする時、私やスタッフはほとんど黙って彼らの話を聴いています。どういう話をして欲しいかという注文は一切しません。これはこのようなグループをされている方の多くが取っているスタンスだと思います。

〈①はじめは不満や困りごとから〉

《ほっとする会》では、まずお一人ずつのここ一ヶ月の近況報告から始まります。

話の始まりは、前からもしくは今、困っていることや悩んでいること、イライラすることなどが次々と並べられます。言いたいことが言いたいだけ言える時間です。

〈②同意と承認から和んだ雰囲気に〉

お話がさらに白熱してくると、聴いていた方々も「そうなんですよね、うちのなんかも」と続くようになります。深刻な雰囲気もあるのですが、徐々に「そうだ、そうだ」となり、「そうなんですよね、ハハハ！」となって、冗談も交えて話されるようになります。

自分のなかの陰性感情を安心して吐き出せて、それを皆さんから「その通りだ！」と認めてもらえる環境は日常生活のなかでは稀有であり、だからこそ、とても大切です。

一般的な社会では、大っぴらに身内を悪く言うことは恥をさらすようで憚《はばか》られますし、そのような発言をしている人は周囲から距離を置かれることもあります。

仮に話せたとしても、聞いている人は介護のイメージがなければピンと来ませんので、わかってもらえたという感覚は得られず、空虚感、孤独感を増すことにもなりかねません。

しかし、このように集団が成熟してきて、参加者が安心感を持ててくると、きちんと言いたいことが言えるような雰囲気になってくるわけです。

〈③同意と承認が得られる雰囲気づくり〉

このようなグループや家族会のなかには、発言力が強い方がいたり、進行役が指示的であったりして、静かな緊張感が漂っている場合もあります。参加者が表層的な話しかせず、一度来た方がもう来なくなるようなグループでは、グループ内の雰囲気を意識的に見直していく必要があるかもしれません。

◉**「大切な存在だ」という確認の場**

この会を始めた当初、私は、こうして御家族が溜《た》め込んだ思いを吐き出せ、皆さんからそれを否定されずに聴いてもらえることが、御家族の精神的な健康を保っていくため、日々の介護を続けていくためのわずかな元気を得るために大切なのだろうと考えていました。

しかし、グループを続けていくうちに、私のこの視点はかなり浅はかであったことを思い知らされました。というのも、御家族の話はさらに発展していったからです。

グループのはじめの頃は、御家族は先ほど挙げたように、現在困っていることや、不満に思っていること、イライラすること、心配なことなどをお話しし、それらを認め合い、一段落すると、お茶を飲みながら世間話をされていました。私はこのような景色を、「ちゃんとみなさんお話しできたな」などと、ほっとしながら眺めていました。

◉さらなる話題の発展

それが少しずつ後半の話の内容に変化が出てきたのです。

「うちの人も、こういうことだと覚えているんですよね〜」など、どなたかがパートナーのできることや、良い面について言い及ぶと、すかさず別の方が、「うちのも一人でいる時は御飯炊いて食べたりはするんです」など、できることを話す場面が増えてきたのです。

人によっては、「うちのなんか、デイサービスのスタッフの好き嫌いがはっきりしてて、嫌いな人が迎えにくると、〈あんたなんか、嫌い!〉って言って、こっちがヒヤヒヤします」など、真似をしてみせます。御本人が人の区別や好き嫌いをしていること、その時の様子の真似などは、御家族が御本人をきちんと観察していなければ気にも留めませんし、できません。このような発言はこれまでもなかったわけではありませんが、そのように好ましいことやできると認識されたことで話が膨らんだことはあまりなかったのです。

つまり、時が経つにつれて、会の後半の内容が、伴侶の良い面、できる面についての発言に関するものに変化してきたわけです。

◉できることも言いたい御家族

このようなグループの機能として、否定的な思いを吐き出せることは極めて大切だと考えています。そのようなことを吐き出したくて参加する人もいるでしょう。しかし、一方で御家族は、御本人が「まだこれだけできる」「こういう良い面がある」ということも言いたいのではないでしょうか。

先ほど、一般的な社会で身内の悪口は憚《はばか》られると言いましたが、同様に御家族の良い面について話すのも自慢のようで鼻持ちならなく感じる人は多いでしょう。

「こういうことはまだまだ自分でできるの」などという発言をすると、人から自慢していると思われるのが嫌で、御本人の良いことやできる面についての話を我慢している御家族もあるかもしれません。他の参加者が陰性感情や不満を多く語っていれば、なおさら場の空気を読んで、良いことは言いづらく感じるかもしれません。

◉御家族の葛藤

このような場で気が済むまで不満や困りごとを話すことができたとしても、御家族は葛藤を抱えたままの気がしています。

それは自分の大切な人に陰性感情を持たなければならなくなっているからです。口にこそ出さなくても、「他に誰もいないから仕方なく私が見てるんです」などと言いながらもお世話を続けられているのは、やはり親御さんや伴侶が大切な人だからではないでしょうか。

ですから、御家族の葛藤を少しでも和らげることをグループの一つの目標にするのであれば、陰性感情だけではなく、それに対する陽性感情についても、きっちり表出してもらうことが大切なのではないかと思うのです。

しかし、これができるようになるにはグループの成熟が必要です。そうでないと、前述のような誤解がメンバーのなかに生じてしまいかねないからです。《ほっとする会》のメンバーはその両方をお話しできるところまで来ました。素晴らしい精神的な成長であり、まさにメンバー自身の力と皆さんの相互作用によるものなのでしょう。

◉心理職の務め

私は人々の話を引き出すための工夫は好きではないので、基本的にはそういうことは意識的にしません。このような場で私たち心理職ができることは、せっかく参加してくださった方々が傷つかなくてすむために、グループが成熟してくるまでの最低限の枠組み作りと、あとは黙って聴くことでしょうか。

黙って聴くことはそれだけで大切なメッセージなのです。

「あなたのその発言、ＯＫですよ」

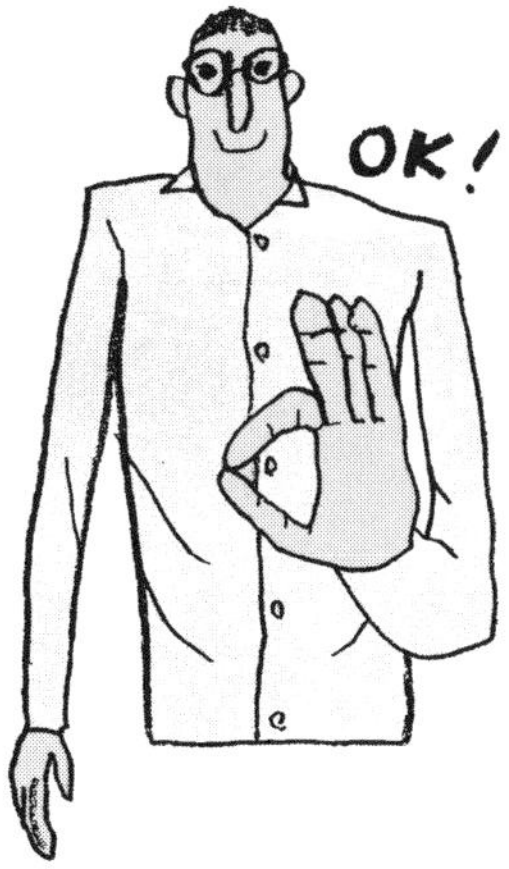

第6章 介護職員さんの認知症対応勉強会

◉立ち上げの経緯

私が地域包括支援センターに勤務していた頃も介護施設からの勉強会の御依頼は何度かいただいていましたので、需要があることはわかっていました。

そして、介護職員という括《くく》りでの勉強会は、S市近郊ではほとんど耳にしていなかったことも、立ち上げ理由の一つです。

最後に一番大きな理由は、介護職員さんに認知症を抱えた人の介護を楽しいと思ってほしいということです。

私は個人的に、認知症に関する知識や理解、高い水準での対応技術を最も身に付けているべきなのは介護職員さんだと考えています。

なぜなら、さまざまな専門職のなかで、介護職員さんが最も近くで、最も長く認知症を抱える方々に関わっているからです。

だからといって、それがプレッシャーとなり、ストレスの多い職場環境となってはいけません。ですから、認知症を抱える方々への対応を楽しんで行なえるようになってもらいたいのです。

◉介護職員さんは知らぬ間に

介護職員さんたちの多くは無意識のうちに認知症を抱えた方々にとって好ましい対応をしています。そのように素晴らしい対応をしているにもかかわらず、あまりそれを意識してもいなければ、専門的なことをしているとも思っていない方が多いのです。また、当事者の方お一人お一人について、「この人はこういうお話が好き」「この人は昔こういう仕事をしていた」など、さまざまな貴重な情報をお持ちです。しかし、それらはその職員さんだけが知っていたり、一部の職員さんの立ち話レベルで共有されていたりします。それも「Cさんはね、こういう風に声かけるとお風呂に来てくれやすいよ」「Wさんて、そういう話題が好きだよね～」くらいで、それらを共通の対応方針として取り入れていくことまでには至らないことも多いようです。

つまり一言でいうと、もったいないのです。かなりレベルの高い技術や情報を持っているにもかかわらず、それが一部でしか有効に生かされていないわけです。また、せっかく理にかなったことをしているのに、それが「できている」という認識に繋がらないのですから。こう書くと上から目線のようで恐縮ですが。

◉勉強会のポイント

そのような状況があることを考えますと、勉強会では介護職員さんが持っている情報の数々がとても貴重であり、それらが介護の場面で有効に利用できること、それらは職員間で共有することでさらに役立つものになること、などを伝えていくことが大切です。

また、彼らが行なっている好ましい対応が、理論的にはどのような背景を持っているのかを提示することで、自分がきちんと理にかなった対応ができているんだという思いを持ってもらうことも勉強会の大切な役割です。

◉介護職員さんたちの〈楽しい〉

私は現在、ある医療法人の病院や介護施設において現場の職員さんの面接を行なっています。そこで多くの方は「仕事は楽しいです」とおっしゃいます。

何が楽しいのかを聞くと、ほとんどの職員さんは「利用者さん（患者さん）とお話ししている時です」と答えます。

私ははじめ少し驚きながら聴いていました。私は「仕事は楽しいです」とお答えになる方は、自分の専門性が発揮できた時や多職種との連携がうまくいった時、自分のパフォーマンスで相手が少し元気になった時、などの回答を想定していたからです。

今はこの回答を聞いたことをとても嬉しく思います。というのも、これは介護職員さんが施設利用者や患者さんを人として見て、人として対応していることに他ならないからです。「人と関わっていて楽しい」という感性はこの職種にはなくてはならないものでしょう。

◉勉強会で気をつける点①――認知症だけを見る視点にしない

ですから、勉強会で気をつけなければならないのは、介護職員さんの「人を見る視点」を「認知症だけを見る視点」にしないということです。

認知症を知り、その理解が深まってきて、それが対応にも生かせてくると、認知症を抱えた方への対応が楽しく感じられるようになります。学習が現場に生かされて「できる」「わかる」という感覚が高まってくるのでしょう。

認知症を抱える方への対応の楽しさが、原因疾患や症状などへの理解や対応に移行してくると、本来の「お話をしていることが楽しい」という「人として見る視点」が相対的に希薄になってくる可能性が出てくるかもしれません。

勉強会を行ないながら、そのようなことが生じないように、常に我々の対象は人であることを伝え続ける必要があるでしょう。

◉勉強会で気をつける点②——自分に向き合わせる

この本でもたびたび出てきていますが、知識があればその通りにできるというものではありません。この勉強会にしてもそうです。認知症についてのさまざまな知識や対応などを提供しても、それらをすぐに行動に移せるかというとなかなか難しいでしょう。

これは介護職員さんでも同様です。ですから、勉強会のなかで、自分自身に向き合わせる機会を作ることも大切です。

自分の気分や体調、昨夜や今朝の出来事などで利用者や患者さんへの見方が変わる可能性があること、いつもその利用者にイライラを感じるのはなぜなのか、何となく対応が苦手な患者さんがいるのはなぜなのか、などについて、考えてもらいます。

考えることは冷静さに繋がります。ですから、それらに対してすぐに答えが出なくても、少し客観的に自分に向き合う機会を持ってもらうことで、知識を現場に生かしてもらうハードルが少し下がるかもしれません。

◉勉強会で気をつける点③——ＯＫを出す

また、介護職員さんのなかには御自分の介護の在り方について、「これで良いのか？」という思いを抱えながらお仕事をされている方が多いというのも感じます。

どんなことに不安を感じているのか尋ねます。たとえば、デイサービスで落ち着きがなくなり、「家に帰る」と言い始めてしまう方がいる。その方は転倒のリスクもあるので職員さんがいつも見守っていて、立ち上がったら制止せずに一緒に出入り口まで行っている。そこで声をかけてまた席に戻って、時にはお茶を勧めたりしている、これで良いんでしょうか、という具合です。

私はこのような場合、速やかに「それは良い対応ですね」とOKを出します。もちろん、また別のやり方やさらなる工夫はあるのかもしれません。が、私は現場を見ていませんし、御本人にもお会いしていませんので、具体的なことはあまり言えないのです。しかし、その対応の仕方は介護職員さんがその利用者さんのことを思って、皆さんで考えてたどり着いた方法でしょう。悪いわけがありません。

私の一番の役割は、ここで対応の欠けているところを見つけて訂正したり、さらなる改善点について言及したりすることではありません。認知症であろうとなかろうと、各個人に対して完全に満足しうる対応というものはないでしょう。日々人は変わります。ですから、ピンポイントでの対応にはあまり云々しません。

大切なのは、「これで良いのかな？」と思っている人に対して、「それで良いんです」と伝えることだと思っています。なぜなら、私が勉強会を行なう目的は、介護職員さんに認知症を抱える方の介護を楽しんでいいもらえるようになってもらうこと、だからです。

もちろん慢心しないために「これで良いのかな？」という感性は必要です。しかし、それが強くて常に不安を感じながら当事者に対応をしていくことはストレスになるでしょうし、それでは楽しむことはできないと考えるからです。

人として関わることに喜びを持ち、認知症という状態についても、不安を減らして楽しんで向き合える、そんな介護職員さんが増えてくれることが私の喜びです。

第3部
地域での連携

人の人生はいろいろなもので構成されています。ですから、その方の支援を考える時は、やはりいろいろな側面からの視点が必要になってくると思います。震災支援の際に特にそれを痛感しました。

今後心理職が地域に出ていくことに際して、多くの専門職の皆さんとどのように繋がって、どのように地域住民の方々のお役に立っていくのかは大きな課題だと思います。

「心理」という言葉の性質上、イメージが先行しがちなこの職種が、どのように地域に根付いて行く可能性があるのかについて、わずかばかりの思いを述べます。

第7章
地域の事業を心理の視点で眺めてみると

地域では数多くの認知症関連事業が行なわれています。ここではそのなかで、時々関わらせていただいた「〈認知症サポーター〉養成講座」「認知症カフェ」「認知症の御家族の集い」の場の三つについて、私が心理職としてどう見ていたのか、そして今後、心理職がどのような形で携われる可能性があるのか述べたいと思います。すべての心理職がそのような観点を持つわけではないので、あくまで私個人の視点とお考えください。

1　「認知症サポーター」養成講座

この講座は厚生労働省のホームページによりますと、認知症高齢者等にやさしい地域づくりの一環として、認知症に対する正しい知識と理解を持ち、地域で認知症の人やその家族に対してできる範囲で手助けする「認知症サポーター」を全国で養成するために行なわれている講座のことを言います。

この講座はキャラバン・メイトという特別な研修を受けた方が行ないます。そこでは日本やその地域における高齢化の現状から、認知症を取り巻く環境の整備が急務であることが説明され、その後に認知症とは何なのか、中核症状、認知症における心理面や行動面の症状である「ＢＰＳＤ」についての説明、認知症を抱える御本人やその御家族の心情、彼らへの関わり方などが説明されます。

講座では認知症サポーターになったからといって特別なことをする必要はないと説明されます。国としては右のとおり、住民の皆さんに、認知症を抱える人やその御家族にとって適切な人的環境となってもらいたいという期待もしているようです。以下がその期待の内容です。

（1）認知症に対して正しく理解し、偏見をもたない。
（2）認知症の人や家族に対して温かい目で見守る。
（3）近隣の認知症の人や家族に対して、自分なりにできる簡単なことから実践する。
（4）地域でできることを探し、相互扶助・協力・連携、ネットワークをつくる。
（5）まちづくりを担う地域のリーダーとして活躍する。

2　私の視点と心理職の可能性

◉啓発とは本気の人に為すもの

地域講話の章でも触れましたが、啓発という言葉の語源は、孔子の『論語』に遡るそうです。簡単に言いますと、本気で学ぼうとする人、自分でどうにかしようという気がある人、一つ聞いたらそれ以上は自分で考えることができる人、でなければ孔子は教えない、というのです。そうではない人に教えても学びにはならないであろうし、活かされることもないことを孔子は知っていたということなのだろうと思います。

この講座においては、自らの意思で能動的に受講する方もいますが、たまたまそういう機会があったから受講した、という方も比較的多いのではないかという所感を持っています。つまり本気で認知症について学びに来ている方はそう多くはないだろうと感じることもあったのです。

◉心理教育的な講座運営に心理職を

ただ、きっかけは何であれ、はじめは本気でなくても構わないのです。大切なのはここからです。受け身で講座を聞きに来た住民の皆さんを、いかにして〈本気〉に近づけることができるか、聴こうとする意欲を高めることができるか、それが実施する側としての課題であり、勝負所だと思います。

既述のように、人は知識だけでは容易に行動には移れません。国が期待するように、住民の皆さんに適切な人的環境として機能してもらうためには、住民の皆さんの感情にアプローチできるように、心理教育的な要素が必要になると思います。ここに今後心理職が活躍できる場があるのではないかと考えています。

◉どのように感情にアプローチするのか

やはり大切なのは、受講に来た住民の皆さんが認知症について一体何を知りたいと思っているのか、どのような心配事をもっているのかをしっかり知る必要があると思うのです。

正直に言って、認知症の中核症状やＢＰＳＤなどについて知りたい人が、どのくらいいるのかと聞かれるとかなり疑問があります。地域で認知症に関する講話をする際に、今日は何を聞きたくて来たのか、どんな心配事があるのか、などを開始前に聞くようにしていることは既に書きました。その時、認知症の症状を知りたくて来た、という人に今まで一度も出会ったことがありません。多くの方が「自分は大丈夫なのかと思って」というような、自身の認知症の心配についての発言をされていました。

そうであれば、まずは、そのような内容を話すべきだと思います。国が知ってほしいことを一方的に伝えるのではなく、まずは相手が知りたいことについて話すことから始めるべきでしょう。このあたりの講座内容と住民の知りたいこととのギャップを感じているキャラバン・メイトの方は多いのではないでしょうか。

自分たちが知りたいことについて教えてくれる人の話であれば、聴講者の「聴こう」というモチベーションは高まるでしょう。つまり、本気に一歩近づくのです。

◉寸劇の光と影

講座は、提供する内容がほぼ決められています。しかし、それをどのように提供するかについては、実施する側がいろいろと工夫をしており、そのなかに寸劇があります。

寸劇では認知症の症状がどのようなものか、認知症を抱える方への適切な対応とそうでない対応などについてキャラバン・メイトが演じることで、視覚的に提示します。抽象的な文字での情報提供よりも、具体的でイメージしやすくとても優れた方法だと思います。

ここで私が少ししこりを感じるのは、それを見る住民の方々から笑いが起こるという点です。もちろん、冗談を交えながら劇を構成している部分もありますし、一見すると、楽しく盛り上がって良かったというように思われそうですが、果たしてそのような評価だけで良いのでしょうか。

住民の方々の笑いは、面白い、楽しいという笑いに終始しているのでしょうか。まさか寸劇を観て笑っている方に、何が楽しいですかなどと聞けません。ですからこれは推測になってしまいますが、この笑いには面白いのほかに二つの意味があると考えています。一つは、寸劇で行なわれた認知症の症状と自分の現状が全くかけ離れているので、自分は今のところ認知症の心配はなさそうだという安堵からくる笑い、もう一つは、「こんなことになったら大変だ」という不安から自分を防御するための笑いです。認知症に不安を抱えている方が寸劇を見ることで、「自分もこうなるかもしれない」「こうなって家族に迷惑をかけたらどうしよう」などと考えることはないでしょうか。寸劇は確かに具体的で知識のイメージ化が容易です。ただ具体的だからこそ、住民の不安を揺さぶるリスクを抱えている部分もあるのではないか、と思うのは考えすぎでしょうか。

3　認知症カフェ

認知症カフェとは、老若男女誰もが気軽に訪れて、お茶などをしながら好きなことをお話しする、そのなかに認知症の話題もあり、専門家が必ずいるので相談もできる、という場です。

ここでも実施する側がさまざまに工夫を凝らしておられ、認知症サポーター養成講座で見られた、認知症を抱える人への対応を寸劇で行なうところもあれば、毎回音楽会を行なうところ、医師やその他の専門職の講話があるところ、スタッフが考えた手工芸などのアクティビティをするところ、文字通りお茶とお話のみでゆったりと過ごせるところ、などいろいろあります。

名前も認知症という言葉を外して、オレンジ・カフェとしたり、ひまわりカフェなど、馴染みやすさを考慮したものもありますし、それでは認知症についての会だということが伝わらないと、そのまま認知症カフェとしているところなど、こちらもさまざまです。

この事業が始まった当初は、どのように集客をしたら良いか、どんな内容にしたら良いかなど、各地でさまざまに試行錯誤されていたようですが、最近は全国各地で参考になるカフェが増えているようです。

4　私の視点と心理職の可能性

◉目的意識を持った参加者

参加者は、御自分のもの忘れを心配する方、すでに御家族の認知症の介護をされている方、先のことを考えて勉強しようと思っている方などさまざまですから、それぞれの参加目的も異なっていると思います。ただどちらにしろ、目的意識を持って参加している方の割合が比較的高いと思います。

ですから、ここで参加してくださった皆さんから、どんなことを聞きたくて、あるいは、知りたくて、言いたくて、会いたくていらしたのかなど、参加目的を丁寧に聴き取ることが大切ではないかと思います。アンケートでも構いませんが、初めて参加した方への対応は、特に丁寧にすることが求められるでしょう。というのも、参加回数が重なってくると、参加目的が薄れてくる方や当初の目的と現在の参加目的が変容している方がいることがあるからです（この変容についても把握する必要があるでしょう）。

◉丁寧な情報収集に心理職を

一方で、それをなかなか上手に言葉にすることが難しい人もいらっしゃるでしょうから、参加者の様子や表情、発言などを慎重に観察する必要があるでしょう。既述したように個別にお話を聴くこともそうですが、観察によるアセスメントも、心理職の得意とする領域だと思います。ここでも活躍の機会はあるのではないでしょうか。

そこで挙げられた参加者からの要望は、おそらくその方だけのものというより、住民の多くの方が求めていることの表われだと思います。

そういったことを、認知症サポーター養成講座を含め、地域での講話や情報提供の糧《かて》として役立てていくことが大切になるのだと思います。

自分が知りたい、聴きたい、関心があるということであれば、住民の皆さんも比較的高い意識を持って臨まれるでしょう。まさにそこは、本気の人が集う啓発の場になるのではないでしょうか。

5　認知症の方の御家族の集いの場

これは「認知症家族会」などの名目で実施しているところもあるようですが、認知症を抱えた方の御家族が集まって、あれこれお話ができる場（以下、家族会）のことです。

専門職が進行役として話の場に入り、解説やコメントを挟みながら進行するところもあれば、御家族が自由に話すのに任せるところもあるでしょう。また話というよりも、毎回勉強会のような雰囲気で進行するところもあるようです。

◉参加目的の把握はやはり大事

ここでもやはり大切なことは、参加者がなぜその会に参加したのか、という目的を把握することです。というのも、前述したような目的がある程度満たされないと、継続参加に繋がらないばかりか、何もしてもらえなかったなどの不信感、仲間になれなかったなどの疎外感などで、せっかく参加してくださった方を傷つけてしまう可能性があるからです。

とはいえ、はじめての参加では、目的が明確でなく、「市報を見て何となく来てみた」と話される方もいます。それはそれで良いので、先ほどと同様に参加の態度や発言を注意深く観察する必要があります。そして、終了後の落ち着いたところで、今日の参加についての感想をもらうのです。すると「たくさん話を聴いてもらえて良かったです」や「もう少し他の人の介護の仕方を聞きたかった」、もしくはそこで話し足りなかったことがどっと出てくるかもしれません。次回の話題としてそういうことを取り上げることで、自分がきちんと対応してもらえ、「ここに来て良かった」と思ってもらえるのではないでしょうか。

◉ファシリテーターに心理職を

心理職のなかでも、集団精神療法についての素養を身につけている方が家族会のファシリテーター（進行係）をお手伝いすることは、地域で役に立てることの一つだと考えています。

このような会の参加者は基本的には健康な方々ですが、なかには介護による疲労でずいぶん元気がなかったり、自身の介護のあり方に後ろめたさを感じていたり、今後いつまでこの生活が続くのかなど不安でいっぱいだったりと、多少なりとも心身のバランスを崩しかけている方もいます。

そのような方々だからこそ、互助の力が働いて、皆さんが支持的な姿勢でお話ができ、集団が成熟してくるということもあります。

一方でバランスを崩しかけているために、他者の些細な言葉に敏感になったり、御自分の考えを押し通したくなったり、他者の発言に何か言わないと気が済まなくなったりしている方もいます。

また長く参加を続けているいくつかの御家族が先に成熟し、まと

まりが良過ぎると、新規の参加者はかえってそこには入りにくさを感じてしまうこともあるでしょう。たくさん話したい人、話さなくて良いから他の人の話を聴いていたい人、何か良いことを言ってあげたいという親切心から指示的な話し方になってしまう人、などを見極めて調整していくことが必要です。

このように私は、この家族会はかなり難しい地域臨床の一つだと考えています。ゆえに家族会という場を設けること自体は大切なことですが、それにも増してその場の空気をいかに解きほぐし、紡いでいくかということの重要性が多分に強調される場だと考えています。

第8章 医療機関に所属する心理職への期待

◉まずは皆さんから！

このようなタイトルにすると、何か偉そうに大所高所から訳知りのことを言うようですが、そうではありません。

老年期の心理臨床に携わる心理職の多くは病院やクリニックなどの医療機関に所属している方が多いと思います。現時点で高齢者に関わることが多いのが医療機関の心理職なのであれば、まずは皆さんから何とか地域にアプローチをかけて、その必要性を提示していっていただくことが、今後心理職が地域で活躍していくための突破口として重要だと考えています。

すなわち、医療機関ですでにその存在意義を認められている皆さんであれば、地域に行っても同様にその存在意義を示していけるのではないかと考えられるからです。もちろん地域では医療機関とは求められることが違ってくる部分もあるでしょうが、ここまで読んでいただければ、同じような部分が多いこともおわかりだと思います。しかも、やり方によっては現在医療機関で行なっている業務を応用して地域に生かすこともできるのではないでしょうか。

◉公認心理師は誕生したが

心理職に公認心理師という国家資格ができ、その資格を持つ方が今後増えてくることと思います。せっかく国家資格になったのだから、その職域を広げなくてはということで、すぐに政治的な働きかけで地域包括支援センターなどの機関に、心理職が施設の設置基準として入ることには賛成できません。使う方も使われる方も何をして良いのかわからないような場に突然放り込まれ、あるいは放り出されてもお互いに困るだけだからです。

社会的には、地域で働くための研修や実習などを経て、段階的に心理職に地域に進出してもらいたいと思います。しかしまずは医療機関の心理職の皆さんに地域で少しずつ活躍していただくこと、行政サイドにも地域の専門職の方々にも住民の皆さんにも、心理職という存在とその役割、有用性の理解が促されることで、心理職が受け入れられやすい基盤ができるのではないかと考えるのです。

◉さらなるアウトリーチの増加

現在も認知症疾患医療センターのアウトリーチ・チームや認知症初期集中支援チームなど、地域からの相談を受けて、心理職がチームの一員として当事者宅を訪問する機会はあり、すでに地域に出る機会を得ている心理職の方はいらっしゃると思います。医療機関の心理職の皆さんには、そのようなチームのなかに積極的に手を挙げて入っていってもらい、どんどん地域に出る機会を増やしてもらいたいです。

認知症初期集中支援チームに関しては、医療機関が主導となって運営しているところでは、比較的機能的に稼働できている印象があります。というのは、初期集中支援チームに関する学会報告や参考書籍の多くが医療機関が主導しているチームを取り上げているからです。一方で、医療機関以外、つまり地域包括支援センターなどが主導となり、医療機関の医師にお願いしてチームに入ってもらっているところの実態はよくわかりません。S市は後者でしたが、私が所属していた頃はまだ準備段階でしたので稼働してはいませんでした。

このように、認知症初期集中支援チームを医療機関以外が主導している自治体の医療機関では、高齢者臨床に当たる心理職の方々には、まずその地域の認知症初期集中支援チームがどのように運営され、稼働状況がどうなのか、チームのなかでの課題などを調査して、何か手伝えることがないのかなどを検討してもらうことはできないでしょうか。これらの点が明確になれば、運営側にも、住民の皆さんにも、きっと助かるという方がいらっしゃると思います。

◉なぜ医療機関側からアプローチする必要があるのか

医療機関という場所は、同じ専門職同士でもやはり一つ敷居があり、それを高く感じている方も少なくありません。ですから医療機関の皆さんが進んで地域にアプローチをかけてくださることはとても助かることなのです。

アプローチの仕方にはいろいろあると思います。たとえば、御自分が病院で関わった方の今後の生活を検討するケース会議に呼んでもらったり、地域ケア会議の場に声をかけてもらうようにケアマネジャーさんや地域の担当者にお願いしておいたりする、なども一つでしょう。

これには所属する医療機関の方針を考慮する必要もあるでしょうが、是非ご検討いただきたいです。地域に受け入れてもらうためにまず大切なのは、心理職の有用性を示すことよりも、地域の専門職の方々との接触頻度を高めることだと思います。会議の場で御本人の生活に活かせないような専門的な知識を披露しても、距離を置かれ、「やはり私たちとは目線が違う」「病院の先生は違いますね」と思われてしまうだけです。

◉何ができるかは地域の専門職との対話から

地域の専門職の方々と話をする機会がある時は、とにかくたくさん彼らの話を聴いてください。そこから彼らの専門性や考え方、つまり〈地域の目線〉が理解できるようになります。そうしているうちに、心理職はそこでどのように機能できるかが見えてくると思います。心理職としてお手伝いできる機能は、その時々のケースや状況によって違ってくるでしょうから、やはりまずは、よく話を聴くことです。

医療機関から来た専門職というだけで、地域の専門職からは構えて見られるかもしれません。そこで「わたしはわかっていますよ」のように高いところから見ている態度を取れば、その後の扱いはおのずとおわかりでしょう。

これは終章の「心理職が地域で受け入れられていくために」のところでお話しする〈強み〉を明確に、ということと矛盾するように見えますが、それとは立場が違います。繰り返しになりますが、医療機関から来る心理職は、地域の専門職からすると、「お高いところから先生が物申しに来た」という認識を持たれる可能性があります（必ずという訳ではありませんが）。ですから、初めから「これが専門です」という主張をするのは心象としてうまくないでしょう。

◉各事業の見学

普段もの忘れ外来などで予診をとったり、神経心理学的検査を施行したりしている心理職の方々には、是非地域で行なわれている「認知症の家族の会」や「認知症カフェ」「認知症サポーター養成講座」などの事業の見学をしていただくことをお勧めします。

そこでは、病院という場所では聞けない御本人や御家族の話が聞けるかもしれません。彼らがどのように思いながら日々の暮らしを続けているのかが垣間見られます。そのような場面に出くわすことで、皆さんが医療機関の心理職として、地域に戻る御本人や御家族にどのような関わりができるかのヒントを大いに得ることができるでしょう。

また、それらの事業を行なっている人たちからしても、医療機関の専門職がわざわざ自分たちの行なっていることを見に来てくれることに悪い気はしないでしょう。それだけでもとても大きな歩み寄りなのです。何度か顔を出しているうちに、運営しているスタッフがどんなことに困っているかや、どんな助けがあると嬉しいと考えているのか、などが見えてくるでしょうし、お話もしてくれるようになるのではないでしょうか。それは皆さんのことを仲間だと認識し始めてくれた証拠だと思います。

◉講話や研修会での交流

そうしているうちに、認知症カフェなどの講師に呼ばれるようになったり、タイミングを見て医療機関主催の勉強会を、病院ではなく地域で行なったりなどしながら、徐々に交流を深めていくような流れができるかもしれません。

◉心理検査のフィードバックを御自宅で

これは心理職への期待というよりも、皆さんが所属する組織や行政への期待になるかと思います。

皆さんの医療機関では、心理検査のフィードバックはどなたが行なうのでしょうか。私は個人的には診断に関係する部分の検査結果については医師から伝え、その他の詳細や生活にどのように活かせるかなどは検査を施行した心理職からフィードバックすることが好ましいと考えています。

そしてそれを実行するのは、御本人の生活環境で行なうことが理想的だと思います。そう考えていらっしゃる心理職の方も多いのではないでしょうか。

検査結果を見て、「こことここが低くて、ここは保たれているから、アルツハイマー病の疑いかな」という情報は、はっきり言って心理職の自己満足でしかなく、御本人にも御家族にとってもほとんど役に立ちません。

大半の心理職の方は、「この検査結果をできるだけ患者さんの日常生活に役立ててほしい」と考えるでしょう。そのためには、患者さんの日常生活の場面を見ながらフィードバックができることが好ましい、と考える方が少なくないと思います。

であれば、できるだけそのようにできる方法を、医療機関の方針として考えることはできないでしょうか。

時間の見当識が低下している方が見る時計やカレンダーのあり方、視覚認知機能が低下していて歩行が不安定な方の住環境のあり方、記憶の低下がある方の電話を受ける時のメモのあり方、探し物が多い方の貴重品やいつも持ち歩く物の管理の仕方など、その人が生活している現場を見ながら検査結果をフィードバックできれば、御本人も御家族も具体的に何をすれば良いのか、何に気を付ければ良いのかがわかるので、行動に移しやすくなるでしょう。もちろん、その方法について具体的にその場でやってみることもできるでしょう。

病院という緊張する場所で、初回や二回目のまだ困惑している状態の受診時に、あれこれ検査結果やその活用法について説明を受けても、仮にその説明がどんなによくまとまっていてわかりやすいものであっても、なかなか活用されることは少ないのではないでしょうか。

その証拠にという訳ではありませんが、訪問で相談を受ける際などに、もの忘れ外来を受診し心理検査を受けた方やその御家族に、どんな検査をしたのか、結果はどのように説明されたのかを質問した際、それが御本人の状態の理解や生活に活かせるほどに覚えている方に出会った試しがありません。フィードバックされていないということはないでしょうから、やはり記憶にとどめておくことが難しいのではないでしょうか。おそらく、私が実施していたもの忘れ外来の検査結果についても、同様のことが起こっているだろうことは容易に想像がつきます。

すでに善意で試行的にこのような取り組みをされている方もいるのかもしれませんが、何とか制度として御自宅での心理検査結果のフィードバックができるようにならないものでしょうか。

終章　心理職が地域で受け入れられていくために

私は、今後心理職の方々に大いに地域で活躍してもらいたいと考えています。心理職が地域にいることで地域住民の皆さんの心の健康や地域で働く専門職の仕事の円滑化に大いに寄与できると考えるからです。

本章では、私の体験をもとに、心理職が受け入れられるための要点として、どのようなことが考えられるかお話ししたいと思います。雇用してくださる方々からの受け入れと、地域で連携していく専門職の方々からの受け入れに絞ってお話しします。

1　雇用サイドからの受け入れ

雇用サイドの方たちが、私が実際に活動している場面を目にする機会はほぼありませんでした。これは立場上仕方のないことです。つまり心理職の必要性について評価する材料は概ね報告書に限られます。伝聞で聞こえてくることもあるでしょうが、それは客観性が乏しいために評価の対象とはなりません。

「もの忘れ予防教室」や地域での講話、相談対応などの実績を報告する際に、教室は何回、講話は何件実施した、何件の相談を受けたという数字を主立った内容にしてしまうと、報告書を見る側には、心理職がその業務を行なう意義が伝わりません。それどころか、「それを心理職が行なう必要があるのか」と思われてしまう危険があります。既存の職種でも十分に事足りるのであれば、わざわざ雇用サイドは新たな費用を計上してまで心理職を雇い入れる必要はないと考えるのが自然な流れでしょう。

私が二年間しか地域包括支援センターで働けなかったことは、これから地域での活躍を志す心理職の皆さんには本当に申し訳ないことです。先駆ける人間がきちんと成果を挙げ、それが社会的に認められなければ、心理職が地域で活躍していく、心理職の職域を広げていく礎がいつまでも築けないからです。

ゆえに、これから地域での仕事を志向している皆さんには自身の専門性や実施したことの成果、実績を目に見える形で、私たちを雇い入れてくださる行政や法人、企業などに明示する能力が必須になります。たとえどんなに住民の皆さんや地域の専門職の方々から必要だと思ってもらえる活動ができたとしても、それがしかるべき人たちの目に留まり、評価を受けなければ、私たちはその後の仕事を継続することができないのです。

何もこれは地域の仕事に限られたことではなく、どこで仕事をしていても同様でしょう。心理職の成果をどのように組織に評価してもらうかに苦心している方は少なくないのではないでしょうか。

心理職の仕事は成果を数字で表現することは困難な部分が多いのですが、私は二年間無駄なことをしていたつもりは一切ありませんし、数字にならない部分でも機能していた面は多かったのではないかと言う思いもあります。

しかし、そのような主観的な「つもり」や「思い」ではまかり通らないのです。それをしかるべき人たちに評価してもらう方法やそのための工夫を模索していく必要があるのです。

2　地域の専門職の方々からの受け入れ

ここからは地域の専門職の方々から受け入れてもらうためのポイントとして考えられることをお伝えしたいと思います。

◉『強み』があるか

皆さんは御自身の職業上の強みをお持ちでしょうか。

強みといっても「この分野では誰にも負けない！」というほどのことではなく、「まあ、なんとなく大丈夫そうな気がする」くらいの気持ちになれることがあれば良いと思うのです。

私にとっては認知症の分野がそれでした。地域包括支援センターは高齢者の総合相談窓口ですから、どうしても認知症の問題は避けて通れませんし、認知症関連の相談も多く寄せられます。また、国から示されている新オレンジプラン（厚労省による認知症施策推進総合戦略）に基づく事業も少なくありません。ですから、地域包括支援センターで仕事をするにあたって、認知症を強みとしていたことは大きなアドバンテージだったと思います。

私の場合はたまたま認知症という強みでしたが、それに限る必要は当然ありません。なぜこの《強み》があることが大切なのかというと、あなたがそう思えていることについては、おそらく他職種の方があなたの仕事をイメージできるくらいに具体的に説明ができると考えるからです。

中途半端なことについては、どうしても説明が抽象的になりがちです。「心のケア」などの漠然としたイメージでは、他職種からは、どんな時に何を相談して良いのかわからないので、依頼されにくいと思います。

ですから、あなたが一つ何かの《強み》を持っていることは、他職種から理解されるための突破口として重要になるのです。

◉強みの表出は他職種を支える形で

地域包括支援センターでは、相談を受けた際にスタッフ全員で情報を共有します。その際に、認知症が関わる案件になると、他のスタッフが話した後に、「あざみさん、どう思う？」と聞いてもらえるようになりました。また、地域の専門職の方からの相談でも同様に、まずは相談者の意見を聴いた後に、私のコメントが求められるという流れが多く見られました。

当然のことながら認知症については私だけの専売特許ではなく、他の職種の方々も日々関わっているのですから、彼らから話されることに必要な内容は概ね含まれているのです。

ですから、専門職の方々の考えを聞いたうえで、それを支持する形をとりながら、さらに理論や根拠となりうる考えを付け加えるように心がけていました。

つまり、コメントを求められたからといって、持論の展開をしないということです。他の方々がせっかくいろいろ意見を出していても、周囲が「認知症の専門」と認識している人がそれらを鑑みない意見を出してしまったら、それまでの議論は台無しです。

自分たちの議論を台無しにするような人の言うことは、その後聴きたくなくなるのが人情でしょう。

繰り返しになりますが、今後、地域での活躍を志向する心理職の方は、「私の強みはこれ！」というものを御自分のなかで明確にしておき、他職種の方々がどのような場面で、どんなことをあなたに依頼したら良いのかがわかるように、提示できるようにしておくことが大切になるでしょう。これもまた、地域に限らず、他職種と協働する立場にある方は普段から意識されていることと思います。

●どんな形でも相談に応じる

地域で訪問活動をしていると、「この方は本当に認知症なのかな?」と首を傾《かし》げるケースに度々出会いました。

統合失調症を疑わせる方だったり、抑うつ状態が強かったり、高齢者の妄想性障害が疑われる方だったり、元の発達や知的能力の偏りを疑わせる方だったりと、認知症とは別の何らかの精神科領域と思われる状態を抱えている方に思いのほか多く出会いました。

いったいこの方に何が起こっているのかさっぱりわからず、困ってしまうこともしょっちゅうありました。しかし、「認知症以外のことはわかりません」などと言っている場合ではありません。そんなことを言っていたらすぐに相手にされなくなります。

地域で受け入れてもらうためにもう一つ大切なポイントは、自分のわかる、わからないにかかわらず、もらった相談には必ず応じることです。もちろん無責任なコメントをするということではありません。

認知症をはじめ精神科領域の診断や薬物治療などについては、医師ではありませんので明確なことは言えません。つまり、お答えすることはできません。ですが、基本的にはすぐに、「わからない」「私の専門ではない」「それならあの部署に相談したら良い」などと返さないことです。相談や依頼をもらったら、ひとまず相談者の話をじっくり聴き、御本人に会いに行き、御家族の話を聴き、相談者と一緒に考えます(緊急性がないと判断される場合)。

相談をもらうということは、「あの人に相談すればどうにかなるかもしれない」と頼られたわけです。ですから、相談された内容が自分の専門領域、強みとは違っていても、まずは一度それを受け止めて、どんな形でもその相談に応じることが、相談者にひとまずの安心感を得てもらう意味でも大切です。自分に安心感を提供してくれる人に対して拒否的になる方はいません。

心理職の認知度が高まってくると、心理の職域を理解してもらったうえで、相談や依頼をいただけることが増えてきました。以下がそのいくつかのケースです。

3 《聴く人》としての受け入れ

時々ケアマネジャーさんから、担当する方の介護者の話を聴いてほしいという依頼をいただくことがありました。

これは心理職という職種が《話を聴くこと》の専門家であるという認識を持っていただけたからこその依頼です。専門職で連携を図りながら地域を支えていこうという意識が強い方々は、きちんと他職種の専門性についての理解に努めているということの表われだと思いました。とても素晴らしく、そしてありがたいことです。

《聴く》ということは一見誰にでもできそうですし、また聴くことによってどのように良いことがあるのか、その効果は客観的にはわかりづらいものです。ですから、他職種や特に対人支援という領域で仕事をしない方たちにとっては、あまり評価の対象にならないものだと思います。

しかし、私は心理職の専門性の最たるものの一つは、この《聴くこと》だと考えています。そしてもっと地域に《聴く人》が必要だと考えている私にとって、心理職をこのように理解していただけたことは非常に嬉しいことでした。

このようにして、カウンセリングとまでは行かなくても、定期的にお会いしてお話を聴くようになった御家族が数名いらっしゃいました。今後地域に出ていく心理職にとって、この《聴く人》という認識を持ってもらうことはとても重要だと考えていることは、ここまで読んでくださった方にはおわかりだと思います。

◉一緒に抱える存在として

地域の専門職の方々は、担当する方やその御家庭のことを深く知ることになって、気持ちも深く入り込んでしまうことがあります。担当するのは高齢者お一人であっても、そこに御家族の思いや意向、御家庭で抱えているその他の問題などと無関係でいることが難しいため、支援に入る側も気持ちを揺さぶられて、自分だけでは抱えきれない思いをされることもあります。

時々、ケアマネジャーさんから依頼があったのは、担当する方のお宅へ「一緒に訪問してほしい」ということでした。「ちょっと自分だけでは話を聴くのは大変だから」「話を聴いていると、私まで気が滅入っちゃってつらくなってしまうから」という具合です。

もちろんそのような依頼があれば同行訪問をしましたが、このような時、私の主な仕事は依頼をくださったケアマネジャーさんのお話を聴くことでした。そして時々、そのケアマネジャーさんとは別に当事者のお宅を訪問して、そのことをケアマネジャーさんにフィードバックするのです。

そうすることで、ケアマネジャーさんに、この方や御家族を抱えているのは自分だけではなく「一緒に対応してくれる人がいる」という安心感を抱いていただけると考えたからです。

病気の状態が良くない方の苦痛や不安を伴うお話を長く聴いたり、病気だけでなく経済的な問題や親子関係などに問題を抱えておられるなど、複雑な状況の御家庭に関わる支援者は、多かれ少なかれ気持ちを揺さぶられることがあります。

ですから、心理職は、その支援に入る方々が揺れても良いように、そこに居て、支援する方の話を聴きながら、当事者やその御家族を一緒に抱えていく存在としても機能していけるのです。

4　専門職が長く余裕をもって地域を支えるために

これは依頼や相談をされたことではありませんが、私はしばしばいろいろな方の愚痴を聞いていました。私の立場はある意味誰とも利害関係になく、かつ心理の人と言う認識が皆さんにあるせいか、専門職の方からも民生委員さんなどからも、いろいろな場面で大変なこと、不満、愚痴などをたくさんお話ししていただきました。

対人支援をしている方や介護している御家族などが、このように事あるごとに小さな捌け口をもつことは、その仕事や介護を余裕をもって長く続けていくためにはとても大切なことです。

あまり表立ったことではありませんし、まったく業務上の評価の対象にはなりませんが、さまざまな方の愚痴の聞き役としても、心理職は大いに存在する意義があるのではないかと考えています。

このように、心理職が地域に出れば、そこでの専門職の方々が、長く地域での支援活動を継続していくためのメンタルヘルス・サポートという観点からもおおいに活躍することができるのではないでしょうか。

マラソンで完走した著者

著者紹介

浅見大紀（あざみ　ひろき）

1978年生まれ

2002年　新潟大学農学部生産環境科学科卒業

2006年　東京学芸大学大学院教育学研究科修了

2006年　医療法人財団新誠会成城リハビリテーションクリニック

2008年　医療法人社団翠会和光病院

2011年　東日本大震災への災害支援活動

2012年　東京都立中部総合精神保健福祉センター

2013年　筑波大学附属病院

2015年　東北大学災害科学国際研究所

2016年　独立

2016年4月～2018年3月　宮城県S市地域包括支援センター

現　在　フリーランスの臨床心理士として宮城県、東京都、千葉県、
茨城県にて認知症関連の仕事に従事

フリーランスの心理士《しんりし》・浅見大紀《あざみひろき》です

――地域《ちいき》で認知症《にんちしょう》の方《かた》と御家族《ごかぞく》を支《ささ》える心理《しんり》の仕事《しごと》をしています

2019年 11月 10日　初版第1刷発行

著　者　浅 見 大 紀

発行者　宮 下 基 幸

発行所　福村出版株式会社

〒113-0034 東京都文京区湯島 2-14-11

電話　03-5812-9702　FAX　03-5812-9705

https://www.fukumura.co.jp

印　刷　株式会社文化カラー印刷

製　本　協栄製本株式会社

ISBN978-4-571-24079-9　C3011　Printed in Japan